대학이 희망이다

대학이 희망이다

초판 1쇄 발행 2014년 7월 5일
초판 2쇄 발행 2014년 11월 20일

지은이 오연천
펴낸곳 서울대학교출판문화원
펴낸이 성낙인

책임 편집 곽진희
디자인 장혜원, 최선아

출판등록 제15-3호

주소 151-742 서울 관악구 관악로 1
대표전화 02-880-5252 | 팩스 02-888-4148
마케팅팀(주문상담) 02-889-4424, 02-880-7995
이메일 snubook@snu.ac.kr
홈페이지 www.snupress.com

ISBN 978-89-521-1643-7 03000

서울대 총장 오연천의
나를 넘어 우리를 위한 삶

대학이 희망이다

오연천 지음

서울대학교출판문화원

프롤로그

평범하고도 소소한 이야기를 시작하면서

사람이 세상에 태어났으면 자기 인생을 스스로 책임져야 합니다.

그 이야기는, 자기의 삶을 주체적으로 설계할 수 있는 사람은 자기가 속한 공동체의 운명에도 책임 있는 리더십을 보여야 한다는 말입니다.

이러한 역할의 비결은 긍정적이고 적극적인 사고방식에 있습니다.

하늘 아래 사랑하는 사람들과 더불어 존재한다는 자체가 행복하지 않습니까? 내 옆에 함께한다는 자체가 더없이 고맙고 소중하지 않습니까?

아무리 어려운 일이 닥쳐도 기회라고 생각하고 당당히 책임을 지고 기쁘게 임하다 보면 항상 더 좋은 결과가 나를 찾아올 것입니다. 그것이 설사 실패라고 하더라도, 그 실패는 더없이 좋은 자양분이 되어 자신을 더 단단하게 일으켜 세우고 뻗어 나가게 할 것입니다.

이 책에는 지금까지 제가 살아온 평범하고 소소한 이야기들이 담겨 있습니다. 특히 지난 4년간 서울대학교 총장으로서 감당하였던 일들에 대한 저의 담담한 소회들을 소개하였습니다. 하지만 그 평범함 속에서 의미 있는 가치들을 발견할 수 있다면, 그래서 동료 교수님들과 우리 학생들이 공감해 줄 수 있다면 저로서는 더할 나위 없이 고맙고 기쁠 것입니다.

그래서 이 책 속에는 정작 제 자신의 이야기보다 제가 고마움을 느꼈던 분들의 이야기가 더 많이 담겨 있습니다. 그 고마움 속에 제가 성장할 수 있었고, 그 고마움 덕분에 제가 서울대학교 교수로서 맡겨진 일들에 전념할 수 있었기 때문입니다.

삶의 지혜는 겸양과 열정, 그리고 긍정적인 세계관에서 찾을 수 있습니다. 특히 학생들은 이런 부분에서 희망과 자부심을 찾고, 겸손하되 진취적인 마음가짐으로 삶을 개척하고 영위해 나갔으면 좋겠습니다.

참 어려운 시절이라고들 합니다. 청년들은 더 아프다고 합니다. 하지만 그 아픔까지도 감사하며, 더 의지를 다지고 이겨 내길 기도합니다. 더 긍정적으로 세상을 바라보고, 더 적극적으로 세계를 끌어안기를 소망합니다.

저에게 은인과 다름없는 우리 학생들, 동료 교수님들, 그리고 서울대학교 총장 임기를 마치는 지금까지 한결같이 도와주신 모든 분들, 마지막으로 사랑하는 우리 가족에게 이 책을 바칩니다.

'진인사대천명', 하늘은 스스로 돕는 자를 돕는다고 합니다. 자신이 하는 일에 최선을 다한다면, 하늘은 반드시 그 뜻을 알고 길을 열어 준다고 합니다.

저의 이 이야기는 아직 진행형입니다. 언제까지고 여러분 곁에서 함께 길을 걷겠습니다. 남들이 가지 않은 길을 찾아, 항상 기뻐하고 고마워하며 성큼성큼 걸어 나가겠습니다.

감사합니다.

2014년 5월 20일
관악산 자락에서, 오연천

차례

프롤로그 평범하고도 소소한 이야기를 시작하면서 ·· 5

제1부
고독한 자기실현

동경에 가득 찬 시골 소년의 꿈 ·· 13

편지로 만난 세상 / 더 큰 세상의 충격 / 어린 소년이 4·19 혁명을 목격 / 시대적 전환기를 만나서 / 철저한 적응 / 학교의 민주화와 함께하는 세상

사회적 자본의 형성 ·· 31

학교에서 체제 속으로 / 공무원 국비유학제도의 입안과 유학의 기회 / 새로운 도전 / 험난한 생활의 여정 / 귀한 사람들과 복지의 중요성 / 사회적 약자에 대한 배려

대학인의 길 ·· 51

서울대학교에 진 빚 / 학생과 교육이 먼저인 대학 / 대학과 학생운동 / 단과대학을 넘어선 서울대학교의 비전 / 겸양의 덕 / 가족들에게 늘 미안한 마음 / 긍정적 자세로 세상을 대하자

제2부
대학 공동체에서의 역할과 책무

소통의 기본원리 ·· 69

법인화의 본래 취지 / 법인화, 아쉬운 점들 / 학생들과의 소통 / 공개토론과 대화 / 법인화 과정에서 얻은 교훈 / 상대방을 중심으로 생각하고 이해

노블레스 오블리주 : 아름다운 사람들 ·· 89
자신의 전부를 내어 주신 분들 / 관정 이종환 회장 : 국제사회의 인재로 발돋움하기를 바라며… / 김승연 회장 : 인재 양성과 장서 확충을 위하여 / 이중근 회장 : 사회적 책무를 다하기 위하여 / 박용현 회장 : 참된 인재와 진정한 세계인 양성을 위하여 / 이순자 여사 : 나눔의 새로운 한류 되길 / 정재훈 박사 : 정용호 교수의 유지를 받들어

대학의 사회적 책무를 향한 노력 ·· 107
서울대 미래 교육 대계를 전망하며 / 차세대 학문선도자와 글로벌 인재를 찾아서 / 제도 개선과 비전 수립 / 글로벌 네트워크 확대 / 세계 명사들의 초청과 만남 / 소통을 위하여 / 창의적 교육과 선도연구자 지원 / 정보화도서관의 신축 / 기초학문 교육 진흥과 기반 조성 / 배려와 나눔의 실천 / 공교육 정상화 기여 / 대학의 행정·재정 기반 강화 / 차세대 멀티 캠퍼스 / 세계에서의 서울대학교 평가 / 헌신적 보직자들

제3부
연설문을 통해서 본 인간 오연천의 가치관과 철학

국가 발전과 대학의 역할에 관한 성찰 ·· 139
대학이 바로 희망이다 / 대학이 미래에 대한 희망의 씨앗을 심는 역할을 자임할 때 / 인본주의적 과학기술 발전을 위한 대학의 책무와 과제 / 서울대학교 총장의 역할론

서울대학교의 책무와 새로운 발전의 패러다임 ·· 159
'함께하는 미래' 구현을 위한 서울대의 새로운 역할 패러다임 / '희망의 구심점'으로서 서울대학교의 사명과 자세 / 서울대학교의 새로운 비전과 발전 전략 / 서울대학교의 사회적 책무

서울대학교 법인화의 의의와 가치에 대한 인식 ·· 177
국립대학법인 서울대학교로의 새로운 출발의 의의 / 서울대학교 법인화에 대한 총장의 생각 / 서울대학교 법인화의 비전 구현을 위해서는 공동체 의식과 도전정신이 필요하다

큰 배움(大學)의 길에 접어든 신입생들에게 ·· 187

나를 넘어 우리를 위한 삶은 서울대인의 소명이다 / 여러분은 대한민국의 희망이고 미래입니다 / 자기 스스로 지식과 경험의 주체가 되어야 / 준비하는 학습과 핵심 메시지의 전달

서울대학교 졸업생이 갖추어야 할 소명의식과 덕목(德目) ·· 203

서울대학교의 시대적 소명 / 자기 성취를 뛰어넘는 공동체의 발전에 밀알이 되어야 / 인본적 가치, 협력적 인간관계, 창조적 사고를 가진 인재 / 꿈을 위한 새로운 발걸음

세계를 향한 서울대학교의 글로벌 전략 ·· 219

'덕'(德)에 기초한 한·중 관계 구축을 위한 대학과 지식인의 책무 / 글로벌 시대 대학의 바람직한 역할 / 동아시아의 계몽적 가치와 시민적 합의

공직자와 고교생을 향한 선배의 당부 ·· 249

공직자의 자세 / 고교생들에게 보내는 희망 편지

에필로그 모자론으로 돌아오기 ·· 275

제1부

고독한 자기실현

- 동경에 가득 찬 시골 소년의 꿈
- 사회적 자본의 형성
- 대학인의 길

무엇보다 그것은 나 혼자만의 이익과 안위를 위하는 길은 아니어야 했다.
적어도 단칸방에서 미래를 일구어 가는 우리 가족,
그리고 내가 속한 학교, 그 학교에서 자란 인재가 만들어 가는 사회,
나아가 국가와 세계를 위한 것이어야 했다.
이러한 고민의 씨앗들은 나중에 서울대 정치학과에
진학하게 된 주요 동기가 되기도 했다.

동경에 가득 찬 시골 소년의 꿈

편지로 만난 세상

나는 어릴 때 충남 공주에서 자랐다. 백제의 문화유산을 간직한 공주는 참 아름다운 고장이었고, 공주사범학교·공주사범대를 중심으로 한 교육의 고장이기도 했다.

덕분에 나는 문화 유적지를 탐사하면서 한 시대가 흥하고 저무는 모습들을 돌아보며 어린 마음에도 골똘히 생각에 잠기곤 했다. 그러다가는 내 생각들을 종이나 일기장에 끼적이기도 했다.

7남매 중 막내였던 나는 집안일에 대한 책임감은 상대적으로 적었지만 늘 사람들 사이의 관계와 소통, 분위기를 중시 여겼다. 막내라서 부모님과 형, 누님들의 사랑을 듬뿍 받았지만, 때로는 어려운 질문을 끊임없이 던져서 가족들을 귀찮게 만들기도 했다. 궁금한 점이 해결되지 않으면 학교에 가서 선생님께 여쭈었다. 그만큼 나는 또래 아이들보다 세상에 대한 호기심도, 그에 따른 고민도 많은 아이였다.

형님 두 분이 서울에서 대학을 다니면서부터는 나 역시 더 넓은 세계에 대한 동경을 갖게 되었고, 어려서부터 편지 쓰는 것을 좋아해서 곧잘 형님들에게 서신을 보내기도 했다.

형님들은 그런 내가 기특한 지 꼬박꼬박 답장을 해주었다. 때로는 대학에서 공부하는 것들에 대한 얘기를 들려주기도 하고, 서울에서 본 대한민국의 현실에 대한 생각도 적어 보내 주었다. 그러다가 가끔은 내 생각을 묻기도 했다. 어린 나는 서울에서 온 편지를 받을 때마다 가슴이 벅차올랐다.

한 글자, 한 글자 생각을 담아 편지글을 써 내려가면서 어린 소년은 점점 세상에 눈을 뜨게 되었다. 가끔은 형님들이 틀린 문장을 고쳐 주기도 했다. 나는 쓰고 또 쓰면서 문장을 가다듬었고, 동시에 내 마음을 들여다보며 글감을 찾았다. 자연 속에서 노닐며 감수성을 키웠고, 사물을 관찰하는 습관을 가졌다.

어느 때는 생각에 생각을 거듭하다가 가슴이 벅차서, 혼자 뒷산에 올라 노을을 마냥 바라보기도 했다. 나는 빠지지 않고 일주일에 한 번씩 서울로 편지를 부쳤고, 형님들은 서울에서 내게 많은 가르침을 보내 왔다.

"연천이 너도 한 번 서울구경 오지 않을래?"

당시 대학교 3학년이었던 둘째 형님이 여름방학을 맞아 가정교사로 지내던 집에 초대를 해주었다. 그 편지를 받고 얼마나 기뻤는지 나는 해종일 친구들에게 자랑하며 뛰어다녔다.

"와! 서울에 간다고?!"

나는 으쓱해져서 벌써 서울에 간 것처럼 들떠 있었다. 그러면서도 마음속으로 굳게 다짐하기도 하였다.

"서울이 어떤지, 그 속에서 본 세상은 어떤지 한 번 보고 올게. 그냥 놀다오는 것이 아니라, 내가 잘 보고 마음속에 담아 와서 전부 얘기해 줄게."

나는 친구들을 다독이며 머릿속으로 서울의 풍경을 그려 보았다.

그렇게 소년은 세상 밖으로 한걸음을 내딛었다.

더 큰 세상의 충격

형님이 입주 가정교사를 하던 집에서 나는 3주 정도 머물렀다. 뜨거운 여름이었지만, 쉬지 않고 서울 곳곳을 다니며 공주에서는 볼 수 없던 것들을 보고 익혔다.

무엇보다 길 위에서 쌩쌩 달리는 전차가 인상적이었다. 어린 내게 길 이곳저곳을 미끄러지는 그것은 또 다른 문명의 상징처럼 다가왔다. 직접 전차를 타고 시내를 오가다가도 어른들이 무슨 이야기를 하나 귀를 기울이기도 했다.

대학생들은 삼삼오오 모여서 사회의 부조리에 대해 목소리를 높였고, 어른들은 자식의 미래를 걱정하며 한숨을 내쉬었다. 공주에서는 느낄 수 없던 어떤 긴박감이 느껴졌다.

"서울은 확실히 다르네. 공주는 참 조용하고 아름다운데. 서울은 뭐랄까, 활기차면서도 복잡하다고 할까?"

형님은 내 머리를 쓰다듬으며 질문에 하나하나 답해 주었다.

형님의 이야기들을 곱씹으며 나는 가만히 내 생각들을 일기장에 적어 내려갔다. 무언가 묵직한 것이 마음속을 짓누르는데, 그게 무엇인지 알 수 없었다. 글이 막히는 곳에서는 그림을 그렸다.

서울에서 내가 만난 세계, 짧은 시간이었지만 나는 다른 소년이 되어 있었다.

"너 정말 공주 촌놈 연천이 맞니?"

공주에 돌아왔을 때 친구들은 달라진 내 눈빛을 보고 퍽 낯설어했다. 나 또한 또래 친구들이 마냥 좋다가도 멀게 느껴졌다. 잠깐 서울에 다녀왔다고 서울 사람 흉내를 낸 것은 아니었다. 무언가 더는 어린아이로 지낼 수 없겠다는, 더는 어리광이나 부리며 뛰어놀 수만은 없겠다는 생각이 들었다.

마침내 나는 부모님께 내 생각을 털어놓았다.

"저도 서울에 가서 공부하고 싶어요. 나중이 아니고, 지금 당장이요. 조금도 지체하고 싶지 않아요."

처음에 그 소리를 들은 부모님은 잔뜩 걱정을 하셨다. 아직 한참 어린 녀석이 어른 흉내를 내며 상경하겠다니 부모님 또한 얼마나 기가 차셨을까? 부모님께서 걱정하시는 것은 당연했다. 나는 곧바로 서울에 있는 형님들에게 편지를 썼다.

"형님, 저는 꼭 서울에 가야 합니다. 저는 더 이상 어린아이가 아니에요. 공부는 책상 앞에서만 하는 게 아니라고 생각해요. 더 많은 것을 보고 배우고 싶어요."

내 편지를 받은 형님도 흔쾌히 내 뜻을 응원해 주셨다. 덕분에 나는 4학년이 되던 1960년 4월 서울로 올라갈 수 있었다. 내 결심이 꺾이지 않는 것을 보시곤 어머님 또한 막내아들의 교육을 위해 함께 상경하기로 결정하셨다.

누님들은 공주에 남기로 했다. 결국 어머님께서는 서울과 공주를 오가며 자식들을 챙기기로 어려운 결단을 내리신 것이다.

그렇게 나는 초등학교 4학년 때부터 서울에서 공부를 시작했다. 그 어린 소년의 결심이 이후로 내 삶을 통째로 바꿔 놓은 것은 물론이다.

어린 소년이 4·19 혁명을 목격

서울로 올라온 우리 가족은 동대문 창신동에 단칸방 집을 구하고, 나는 서울숭신국민학교에 다니게 되었다. 새로운 환경과 학교에 적응하느라 정신이 없었지만, 그 와중에도 4·19 혁명에 즈음하여 시내를 오가던 대학생들의 행렬이 인상적이었다. 그들은 힘차게 노래를 부르거나, 어떤 문구들을 외치기도 했다.

'아, 서울은 혼돈 속에 있구나. 지금 세상은 소용돌이 속에 있구나.'

대학생들의 구호에서는 '민주 이념'이나 '독재 타도' 같은 단어들이 심심치 않게 들려왔다. 어린 마음에도 혁명의 기운이 느껴졌다. 그것이 나에게는 무섭다기보다는 어떤 뜨거움으로 다가왔다.

"지금 대학생 형들이 무엇 때문에 몰려다니는 거예요? 무슨 일이 있어요?"

형님들은 내 질문에 하나하나 답변해 주었다. 지금은 독재 정권의 시대고, 대통령이 장기 집권에 이어 부정선거를 했으며, 그것도 모자라 규탄 시위를 무력으로 진압하다가 다수의 사상자가 발생했다고.

"며칠 전 마산 시위에서 김주열 군이 실종됐는데, 눈에 최루탄이 박힌 채 시체로 발견되었단다."

학교 수업이 끝나면 대부분의 아이들은 집으로 달려갔지만, 나는 한참 동안 동대문 주변을 서성이며 시위 대열을 지켜보곤 했다. 그러다가 고려대학교의 대규모 데모대가 동대문 경찰서로 향하는 모습을 동대문 난간에 앉아서 보았다. 그 거대한 시위 대열과 엄청난 함성을 마주 대하고 보니 온몸에 전율이 일었다.

'아, 혁명이구나. 형님들이 말하는 혁명이라는 게 이런 것이구나.'

얼마간 그러고 있자니 얼굴이 따가워서 숨도 쉬기 어려웠다. 최루탄 가스 때문에 눈과 코에서는 무엇이라 명명할 수 없는 액체들이 흘러나왔다. 그래도 나는 그 자리를 쉬이 뜨지 않았다.

"진정한 민주 이념의 쟁취를 위해 봉화를 높이 들자!"

"자유당은 물러가라. 독재 타도! 민주주의 쟁취!"

가슴이 뜨겁고 벅찼지만 그게 무엇인지 알 수 없었다. 나중에 김수영 시인이 〈푸른 하늘을〉이라는 시를 발표했을 때 몇 번이고 그 시를 읽고 또 낭송했던 기억이 난다.

4월 18일 그날, 고려대학교의 학생들은 국회 의사당까지 진출하고 학교로 돌아가던 중 괴청년들의 습격을 받았다고 한다. 공권력이 아닌 깡패의 힘까지 이용했던 정부의 행태에 크게 실망하던 형님들의 모습이 떠오른다.

결국 이튿날 분노한 전국의 시민들과 학생들은 "이승만 대통령 하야와 독재 정권 타도"를 외치며 거리로 몰려나갔다. 그리고 얼마 후 대통령은 자리에서 물러났다.

그때 나는 처음으로 사회혼란과 정치적 격변기를 목격했고 나의 미래에 대해 고민이 싹트기 시작했다. 그리고 이듬해 5·16을 목도했다.

시대적 전환기를 만나서

서울로 전학을 왔을 때 생각보다 냉랭한 반 아이들 반응에 처음에는 움츠러들기도 했다. 공주에서는 서울에서 전학 온 학생들을 신기해 하고 반가워했지만, 서울에서는 지방에서 전학 온 학생에게는 그다지 궁금한 게 없는 모양이었다.

"충남 공주에서 온 오연천이라고 해."

"뭐? 온천에서 왔다고?"

어떤 아이들은 나를 놀리고 무시하기도 했다. 때로는 얻어맞기도 했다. 처음에는 좌절하기도 했지만 이내 나 역시 담담하게 대응하기로 했다.

나는 국민학교 3학년 때까지 공주사범부속국민학교를 다녔다. 이 학교는 당시 우리나라에서도 몇 안 되는 시범 부속학교였고, 교생 일인 지도의 시스템이 상당히 발달해 있었다.

더욱이 공주에 있는 우리 집에서는 공주사대, 공주사범병설중학교, 공주사범학교에 다니는 학생들이 20여 명이나 하숙을 하고 있었다. 그렇기 때문에 나는 매일 형, 누나들과 대화하고, 때로는 질문을 하면서 생각을 키워 나갔다.

"너는 어떤 인물이 마음에 드니?"

"나는 장면 박사님!"

형님들이 물으면 나는 서슴없이 장면 박사 이야기를 꺼냈다. 진작부터 일기 쓰는 것 못지않게 신문 보는 것을 좋아했던 나는, 장면 박사의 기사를 자주 접했다. 일찍이 서울동성상업학교 교장으로 활동하시고, 해방 후 초대 주미대사와 국무총리를 역임한 후 자유당 독재에 맞서 야당 정치인의 길을 걸었던 배경도 잘 알고 있었다.

그 당시에도 나는 성당에 다니고 있었기 때문에 가톨릭 신자인 장면 박사 이야기를 많이 접한 바 있었다.

상경 후 좁은 셋방에서 여러 식구가 살게 된 것이나 새로운 학교에서 무시당하는 것 따위는 문제가 되지 않았다. 오히려 '그래서' 좌절하고 낙심할 게 아니라, '그럼에도 불구하고' 더 긍정적으로 나를 찾아야겠다는 생각이 들었다.

나는 어떻게 하면 전학생으로서 학교에서 자리 잡을 것인지 고민하기 시작했다.

"나는 서울 가면, 전학생으로서 무엇을 하든 큰일을 하고자 노력할 거야!"

"정말?"

힘들 때면 공주의 친구들과 했던 약속을 떠올리며 마음을 추슬렀다. 내가 더 열심히 해야 한다, 누군가에게 의지하지 말고 독립심을 가져야 한다, 더욱 부지런해야 한다, 부정적인 반응에 신경 쓰지 말고 더 친절해야 한다 등 몇 가지 원칙들을 세우고 나를 더 혹독하게 몰아붙였다.

"연천이 넌 정말 특별한 아이구나. 우리가 무시하고 놀리는데도 더 열심히 공부하고, 미안, 그동안 많이 서운했지? 우리가 사과할게."

몇몇 아이들은 그런 내 모습을 보고 먼저 다가와서 친구가 되어 주었다.

가장 중요한 것은 긍정적인 마인드였다. 미래에 대한 긍정과 의지로 지금, 이 순간에 최선을 다하는 것. 어려운 여건에 대해 외부 조건을 탓해서는 안 된다. 또 모든 문제를 푸는 열쇠는 바로 자신의 마음속에 있다는 생각을 가졌던 나는 주위로부터 또래 아이들보다 조숙하다는 말을 자주 들었다.

1961년 5월 16일 아침, 난데없이 동네 라디오 방에서 박종세 아나운서의 떨리는 목소리로 군사혁명이 일어났음을 알리는 내용과 함께 군가가 흘러 나왔다. "애국청년장교단들이 나라를 위해서 분연히 일어섰다!"는 구호를 들으며 등교를 했으나, 막상 학교에 가보니 문이 닫혀 있었다. 휴교였다.

서울에 오자마자 한국 근대사에 있어 변화의 정점인 4·19와 5·16을 목격하니 만감이 교차했다. 공주에서 꿈꾸었던 밝은 세상에 대한 환상은, 이 거대한 소용돌이 속에서 내가 해야 할 일에 대한 막연한 책임감을 갖게 만들었다.

무엇보다 그것은 나 혼자만의 안위를 위하는 길은 아니어야 했다. 적어도 단칸방에서 미래를 일구어 가는 우리 가족, 그리고 내가 속한 학교, 그 학교에서 자란 인재가 만들어 가는 사회를 위한 것이어야 했다. 이러한 고민의 씨앗들은 나중에 서울대 정치학과에 진학하게 된 주요 동기가 되기도 했다.

철저한 적응

나는 과외를 한 적도 없고, 참고서를 따로 구입해 본 적도 없이 오로지 학교 수업만 열심히 들었다. 서울과 공주를 오가시며 두 집 살림을 하시느라 여념이 없는 부모님께 책 살 돈을 달라고 손을 내밀 처지도 아니었다.

그렇다고 남들보다 머리가 월등히 좋아서 교과서만 보고 성적이 쑥쑥 올라가지도 않았다. 왜 공부는 머리가 아닌, 엉덩이로 한다는 말도 있지 않은가? 그저 꼼꼼하게 선생님 말씀을 받아 적고, 집에 와서는 메모한 노트를 펴놓고 두 번, 세 번 복습하는 게 전부였다. 단, 모르는 것은 반드시 형님들에게 묻고 넘어갔다.

남들보다 여건은 안 좋았지만 성적이 차츰, 그것도 아주 천천히 오르기 시작했다. 4학년 때 중간을 달리던 등수가 5학년 때는 중상으로 접어들더니, 6학년 초에는 상위권, 다시 졸업할 즈음에는 최상위권으로 올라섰다. 운이나 요령 따위에 연연하지 않고 오로지 기본을 탄탄히 다져가며 노력한 덕분이었다.

지금껏 해왔던 대로 꾸준히 공부해 나간다면 못 이룰 게 없을 것 같았다. 그만큼 자신감이 넘쳤다. 하지만 어린 학생이 너무 교만했을까. 나는 당시 명문중학교였던 서울중학교 입시에서 떨어지고 말았다. 다른 과목은 거의 만점에 가까웠는데 체능 점수가 발목을 잡았던 것이다.

"160점 만점에 체능 점수가 좀 못 미친다고 떨어지다니……"

어린 마음에도 중학교 낙방은 큰 상처가 되었다. 그렇다고 실망하고 좌절만 하기에는 시간이 아까웠다.

선생님들도 잔뜩 기대했던 내가 중학교 입시에 떨어지자 많이 놀라고 또 아쉬워하셨다.

그렇게 좀 아쉽기는 했지만 당시 2차에서 좋은 학교로 꼽힌 대광중학교에 지원하여 합격했다. 하지만 중학교에 다니면서도 공부에 흥이 나지 않았다. 공부욕심만큼 승부욕도 있었던 탓일까. 나는 며칠 동안 무단결석을 하고 학교 대신 남산도서관으로 갔다. 남산에 올라 서울 시내를 내려다보며 마냥 생각에 잠기기도 했고, 도서관에서 무조건 공부에 전념하기도 했다.

중1 당시, 아버님께서 주택관리인으로 일하시던 고급주택 정원에서 일요일에 아버님 대신 빈집을 지키면서 책을 읽고 있다.

"연천이 집에 있나요? 저는 연천이 담임입니다."

"안녕하세요. 선생님께서 여긴 어쩐 일로……"

결국 담임선생님(물상과목 담당)께서 직접 집까지 찾아오셨다. 담임선생님의 방문에 어머님도 깜짝 놀라셨으나 선생님으로부터 자초지종을 들은 어머니께서는 연천이가 학교에 가지 않았다면 분명 이유가 있을 것이라며, 오히려 걱정이 되어 가정방문을 오신 담임선생님을 안심시키셨다.

마침 도서관에서 돌아오는 내게 "연천이 너 어떻게 된 거니? 왜 학교에 안 간 거야?"라고 물으셨다.

나는 아무 말 없이 머리를 깊이 숙였다. 선생님과 어머님에 대한 죄송한 마음에 고개를 들 수 없었다. 그대로 나는 두 분께 내 생각을 말씀드렸다.

"죄송합니다. 저는 다시 시험을 보려고 해요. 절대 대광중학교가 싫어서가 아닙니다. 제 자신과의 싸움에서 져서, 목표로 했던 중학교에 떨어졌다는 게 속상해요. 이건 저에게 있어서 무척 중요합니다. 다시는 제 자신에게 지고 싶지 않아요.”

선생님께서는 안쓰러운 표정으로 말없이 내 등을 다독여 주셨다. 어머님도 처음에는 그러는 나를 걱정하시다가 이내 믿어 주셨다. 이튿날부터 나는 대입 수험생처럼 공부에 매진했다. 조금 짬이 난다싶으면 턱걸이나 넓이뛰기를 하며 체력을 키웠다. 시험에 나올 법한 것들뿐 아니라, 명백하게 나오지 않을 것들까지 섭렵하며 빈틈없이 준비했다. 부득이하게 책이나 문제집이 필요할 때는 청계천 평화시장 헌책방으로 달려가 헌책을 구입했다. 그렇게 독학으로 새롭게 목표로 한 경기중학교에 합격한 것은 나의 상경이 첫 번째였다면 두 번째 터닝 포인트(turning point)였다.

처음 경기중학교 교문에 들어서면서 했던 다짐을 지금도 잊을 수가 없다.

‘이제 앞으로 다시는 나 자신과의 싸움에서 실패하지 않겠다. 그러기 위해서 더 열심히 준비해야겠다. 조금도 자만하거나 안주하지 않겠다.’ 이러한 원칙들은 조금의 흐트러짐도 없이 지금까지 지켜지고 있다.

남들보다 1년 늦게 중학교에 입학했기 때문에 나는 중1학년 과정뿐 아니라, 중2학년, 나아가서 중3학년 과정까지 공부하며 고입검정고시 준비를 했던 만큼 늦깍이 입학에 대한 부담이 컸었다.

학교의 민주화와 함께하는 세상

사춘기에 접어들면서는 정작 나 자신에 대한 생각보다 사회에 대한 고민이 많아졌다. 당시 사회 분위기 또한 민주주의에 대한 열망이 강했고, 대학생들도 민주주의를 갈망하며 암암리에 활동하던 시기였기에 나 또한 영향을 받을 수밖에 없었다.

그때 관심을 가졌던 인물이 바로 이집트 혁명의 주역 나세르 대통령이었다. 그는 영국으로부터 수에즈 운하를 되찾아 마침내 국유화했고, 아랍의 통합을 꿈꾸며, 정치적 신념을 펴 나갔던 사람이었다. 아랍 대중들은 하나 된 아랍을 소망하며 그에게 열광했다.

나는 그 당시 세계 곳곳에서 분출하던 비동맹 민족주의 운동에 심취하기도 했다. 틈틈이 정치와 역사 관련 서적을 읽었고, 또래 친구들은 그런 나를 이해하지 못했다.

"국·영·수 공부하기도 바쁜데 무슨 그런 책을 보니? 시험에 안 나오잖아."

나는 친구들을 앉혀 놓고 국내외의 정황을 역사 속의 일화에 빗대어 이야기하곤 했다. 내가 자주 인용했던 사건은 바로 프랑스혁명이었다.

보통 학생들은 대학교에 들어가면서 세계사 시간에 프랑스혁명을 접하게 되는데, 나는 형님들과 토론을 하면서 일찌감치 그 사건을 접했던 것이다. 많은 국민이 자유로운 한 개인으로서 평등의 권리를 주장하며 일어선 시민혁명. 절대적인 왕권에 맞서 시민 모두가 분연히 일어섰고, 마침내 민주적인 사회를 일구어냈다는 사실은 어린 소년의 마음을 일깨워 주었다. 4·19로 학생들 또한 그런 사회가 곧 도래할 거라고 믿었지만, 5·16 이후 들어선 군사정부는 그런 밑으로부터의 시민혁명은 아니었다.

"진정한 혁명을 위해서는 일부 지식인이나 학생들만 일어서는 것에는 한계가 있어. 시민이 힘을 합쳐 독재에 맞서야 해."

중학교 3학년 때부터는 좀 더 직접적으로 세계 곳곳의 뉴스를 접하고자 영자신문인 〈코리아 헤럴드〉를 구독하기 시작했다. 지금 미국과 유럽사회는 어떤 모습일까? 서구 민주주의 사회의 모습은 얼마나, 어떻게 발전해 왔을까? 궁금증은 끊이질 않았다.

고등학교에 들어가면서는 아예 영어 신문반 활동을 하면서, 임지순(현재 서울대학교 물리학과 교수)군과 〈경기 유스(Youth)〉라는 영자신문을 둘이서 직접 기획하여 만들었을 정도로 열심히 신문반 편집인을 하면

좌로부터 (위) 채경호, 장낙인, 최일송, 강용현 (아래) 김태환, 임지순, 오연천

서 적극적으로 영자신문과 해외서적들을 탐독했다. 그러면서 국내의 정치적·사회적 문제를 이해하게 되었고, 기득권의 한계를 민감하게 느끼기 시작했다.

권력이라는 것은 양날의 칼이었다. 다수의 구성원이 공동의 비전을 가지고 행사한다면 충분히 긍정적이지만, 일부 세력들이 독점하여 자신의 사리사욕을 위해 사용한다면 그 집단은 퇴보할 수밖에 없다.

그것은 비단 정치권에만 해당되는 것은 아니다. 내가 속한 학급, 가정, 그리고 단체에도 동일하게 적용된다. 1968년, 고등학교 2학년 때 내가 교내에서 교풍확립대회를 주도했던 것도 바로 그런 이유 때문이었다.

"교권은 일방적 지배가 아니라 선량한 권한입니다. 저희들이 선생님을 존경하는 이유도 바로 그 때문입니다. 하지만 그것으로 학생들에게 상처를 준다면 그것은 시정되어야 합니다!"

나는 친구들과 함께 학교 당국과 선생님을 비판하는 대회를 주도했다. 이른바 교풍확립대회로, 학교 내에 학생 존중의 학습풍토를 조성하자는 취지였다. 당시로서는 파격적인 대회여서 학교 바깥에서도 여러 인사들이 주목했다.

사건의 발단은 일부 선생님들이 학생들에게 부당한 체벌을 가한 데 있었다.

"학교 역시 작은 사회입니다. 게다가 학생들은 졸업 후 사회에 나가서 이 나라를 짊어질 인재고, 시민입니다. 그렇기에 우리 학생들이 잘못을 저질렀더라도 인도적으로 교육해 주는 것이 올바른 길이 아닐까요?"

나는 학교 당국과 일부 선생님의 행태를 비판하며 친구들과 함께 운동장에서 물러서지 않았다. 결국 학교에서는 이런 일이 재발하지 않도록 조심하기로 약속해 주셨다. 그리고 학교측과 교장선생님의 배려 덕분에 나를 비롯해서 교풍확립대회에 참여한 친구들은 징계를 면하게 되었다.

고교시절 교풍확립대회를 주도하고, 3선개헌반대 운동에 동참했던 몇몇 친구들이 졸업 후 '동석회'라는 모임을 만들었다. 당시 늘 수석이란 타이틀을 달고 다니던 임지순 군을 우리들은 '동방의 아인슈타인'이라고 불렀는데, 그 친구를 필두로 모였기에 모임의 이름도 '동양의 석학(Einstein) 모임'이라는 뜻에서 '동석회'라 지었던 것이다. 그 친구들 덕분에 배우고 얻은 것들이 참 많았다.

나는 가까스로 서울대학교 문리대 정치학과에 합격하는 행운을 얻었다. 대학입시준비에 소홀했기에 당연히 재수를 예견했지만, 행운의 여신이 나의 손을 들어준 것이라고 생각했다. 아직 서울대학교 문리대가 동숭동에 있을 때였다. 시절은 어두웠지만, 대학로는 참 아름답고 낭만적이었다. 하지만 대학생활을 만끽할 겨를이 없이, 교양학부의 학생회장이 되면서 나는 고등학교 시절의 포부를 전개하고자 노력했다.

'있는 자'와 '없는 자' 간의 마찰과 갈등을 치유하는 데 있어서
정부의 제도적인 역할 또한 중시하지 않을 수 없다. 그러나 그에 못지않게
'사회적 자본'(social capital) 형태로 발휘되는, '있는 자'들의 책임 있는
역할이야말로 사회적 통합을 도모하는 가장 소중한 방안이라고 볼 수 있다.

사회적 자본의 형성

학교에서 체제 속으로

서울대학교 동숭캠퍼스에는 낭만이 가득했다. 특히 문리과대학은 정치학뿐 아니라 문·사·철을 공부하는 인문학 전공 학생들도 많아 교내 분위기가 자유롭고 열정적이었다.

어떤 학생들은 문리대 교정에서 시낭송을 하기도 하고, 마로니에 나무 옆에서 시국을 토론하며 대한민국의 앞날을 걱정하기도 했다.

때때로 마음이 울적한 날에는 학교 앞의 학림다방에 모여 클래식 음악을 들으며 차를 마시면서 토론을 하기도 했다. 겉으로는 잡담을 나누는 것처럼 희희덕대다가도 웅장한 선율이 다방에 울려 퍼질 때면 우리는 목소리를 낮춰 현 정권의 문제와 우리들 나름대로의 대응 방안에 대해 논의하기도 했다.

대학 1학년 때는 각 학과로 나뉘기에 앞서 전 학생이 교양과정부에 속했기 때문에, 서로의 생각을 나누고 어울리기에 좋은 환경에서 공부할 수 있었다. 덕분에 나는 본격적으로 친구들의 의견을 모으고 집단

활동을 해나갈 수 있었다.

이미 고등학교 때 교풍확립대회를 주도했던 경험이 있어서, 대학교 때 친구들 앞에 나서는 것은 어렵지 않았다. 오히려 고등학생 때 가졌던 제약이 사라지면서 적극적으로 전면에 나설 수 있었고, 학생회장에 당선되면서부터는 학생활동을 주도했다.

그 당시 기억에 남는 일 중의 하나는 교양과정부 강당에 피아노를 스스로의 힘으로 구입해서 비치해 놓은 것이었다. 강당에 피아노가 없었는데, 학교당국에 요청하니 대학 예산이 부족했는지 묵묵부답이었다.

나는 당시 학우였던 정몽준 학우(경제학과)에게 부친이신 정주영 회장을 뵐 수 있는 기회를 달라고 부탁했는데 몽준 학우가 흔쾌히 자리를 마련해 주었다. 회장님을 뵙고 "피아노가 필요하니 도와주십시오." 라고 말씀드렸더니, 내가 기대한 50만 원의 "반을 다른 곳에서 마련해 오면 나머지를 도와주시겠다."고 하셨다.

다음날 정성혜 학우(식물학과)에게 부탁하여 부친이신 정일권 총리를 감히 뵙기를 청했다. 며칠 후 정 총리님의 의전비서관이 내게 연락을 해 와, 그분에게 자초지종을 말씀드렸더니 즉석에서 25만 원을 주셨다. 그 돈을 받은 나는 곧바로 정주영 회장님께 찾아가 25만 원을 보여 드렸더니, 약속하셨던 25만 원을 주시면서 "너 참 기특하구나. 나는 네가 그것을 못 구해 올 줄 알고 말했던 것인데 ……."라고 하셨다.

19세의 대학 1학년 학생이 난생 처음으로 50만 원의 모금에 성공했고, 그 돈으로 피아노를 구입하여 강당에 비치해 놓았다. 그때의 기억은 아직까지도 정주영 회장님과 정일권 총리님께 감사의 마음으로

오늘의 大学生들
新聞에 할말 많다

오늘의 대학생은 신문에 대해 할말이 많다。경향신문이 스물다섯살 되는날, 함께자라온 이들이 한자리에 모여 젊은 눈에 비친 오늘의 신문에대해 얘기를나누었다。放談에서 쏟아져나온 얘기는 때로는 聲討로, 때로는 채찍질, 때로는 期待로 나타났다。신문에대한 이러한 말은 대학생들이 갖고있는 新聞=旣成社會라는 等式때문에 그들이 사회에대해 하고싶었던 말로 풀이되고있다。이들은「對話에 게으른 신문」에대한 결론은 젊은이들이 외로움을 느끼지 않도록 부지런해 달라는 것이었다。【文化部】

參席者

▲裵淳徽 (21・한양대무역과 2년)
▲金東元 (21・성균대신문과 2년)
▲金永聖 (23・건국대정외과 3년)
▲盧銀影 (20・이화대사학과 2년)
▲朴光淑 (20・숙명대국문과 2년)
▲吳然天 (21・서울文理大 정치과 2년)
▲李星翰 (24・동국대불교과 4년)
▲張大成 (21・연세대경영과 2년)
▲崔龍學 (24・고려대국문과 3년)
◇記錄=康祐興 朴錫興기자
<가나다順>

本紙 創刊 25주년맞아 對話를찾는 좌담회

대학캠퍼스에 모여 앉아 신문과 기성세대와 사회를 비판하는 대학생들(고려대 교정에서)

대학신문기자 시절(1971년) 당시 고병익 문리대학장(가운데), 서명원 사범대학장과 함께

깊이 각인되고 있다.

나는 학생회활동을 맡으면서 그동안 겪어 보지 못했던 우리 사회의 기득 지적 권위가 무엇인지를 차츰 느끼게 되었다. 당시 민석홍 서양사학과 교수님(교양과정 부장), 정명환 불어과 교수님(교무과장), 김진세 국문과 교수님(학생과장), 이긍세 체육학과 교수님 등을 가까이서 모시면서 배울 수 있었던 것은 일개 학생으로서는 갖기 어려운 참으로 소중한 기회였다. 비록 일개 학생이었지만 직책을 갖고 있었기에 그분들을 자주 접하면서 성공한 학자들의 진면목을 찾아내고, 닮으려고 노력했다.

하지만 그럴수록 더 깊은 고민이 생겼다. 책임자의 역할은 그 중요성만큼이나 무척 조심스러웠다.

막연하게 사회적 이익을 위해 앞장서겠다는 다짐은 가슴에 꽉 차 있는데, 그렇다면 앞으로 어떻게 삶을 살아야 할까? 나 자신은 어떤 생

대학교 2학년 때 옛 동숭동 문리대 교정 4·19탑 앞 잔디밭에서 학우와 대화

각, 어떤 모습을 가지고 나아가야 할까? 지금 세상은 결코 단순하지 않다. 과연 내가 할 일은 무엇인가?

밤잠을 설치고 뒤척이는 날이 많아졌다. 그 고민 속에서 나는 학생활동에 이어 2학년 때는 대학신문 기자를 하기로 마음먹었다. 이전까지는 국내외의 신문을 보며 세상을 보고, 상상하고, 꿈꾸었지만 직접 기자가 되어 사람과 대학을 접하고, 내 생각을 발언하고 논평하고 싶었다.

그 덕분에 작게는 대학이라는 곳이 어떻게 만들어졌고, 어떻게 운영되는지부터 크게는 졸업생들이 어떤 영역에서, 어떤 사회를 만들어 가는지 폭넓게 조우하고 겪어볼 수 있었다. 뿐만 아니라 좀 더 냉철한 시각으로 제도와 현실을 바라보는 안목을 키울 수 있었다.

대학신문 기자시절 편집회의에서 구범모 정치학과 교수님(당시 편집국장), 이홍구 정치학과 교수님(자문위원), 조순 경제학과 교수님(자문위원), 라웅배 경제학과 교수님(자문위원)들의 고견과 정론을 접하면서, 나의 조급하고 일천한 지식세계의 한계를 깨닫는 계기가 되었다. 나는 이때부터 우리 사회에서 중요한 역할을 하는 분들의 인물탐구를 하는 습성을 키우게 되었다. 내가 아는 분들이나 모르는 분들을 막론하고, 그분들의 오늘을 가져오게 한 요인이 무엇일까, 그것을 발견하고 닮아 보려는 노력을 그치지 않았다. 그런 습성은 60이 지난 지금도 계속되고 있다.

대학 3학년이 되면서는 대학신문 기자직을 내려 놓고, 마침내 행정고시를 준비하기로 결심했다. 추상적 유토피아를 쫓는것이 아니라, 현실의 존재로서 나의 갈 길을 제도적 맥락에서 찾아보고자 시작한 것이다. 체제의 바깥에서 목소리를 높일 것이 아니라 한복판으로 뛰어들기로 마음을 먹으니 공부를 허투루 할 수 없었다.

결국 공부를 시작한 지 2년 반 만에 행정고시에 합격했고 공무원 생활을 시작했다. 나에게는 고시합격 자체가 목표가 아니었다. 시험을 준비하면서도 나는 행정대학원에 진학해 행정학뿐 아니라 경제학, 재정학, 헌법학을 접했고, 그것들을 어떻게 사회에 적용할 수 있을지 고민했다.

음지가 아닌 양지를 선택했다는 것이 항상 마음에 걸리기도 했다. 학창시절부터 사회의 변혁을 꿈꾸었던 소년에게 그 길은 좁지만 현실적인 선택이었다.

하지만 고시 합격생을 바라보는 세간의 부러운 시선과는 달리 한편으로는 씁쓸한 생각도 들었다. 사무관이 되었지만 스스로 기능인이 되어 현실에 안주하진 않았나 하는 자괴감도 들었다. 또한 어린 시절부터 꿈꾸었던 미국과 유럽 등의 더 넓은 세계에 대한 동경과 관심을 이대로 접어야 하나 하는 안타까움도 있었다.

그럴수록 나는 나 자신을 더 몰아붙였다. 남들이 안정적으로 생각하는 공무원의 삶이 아닌, 도전하는 삶을 살고자 했다.

공무원 국비유학제도의 입안과 유학의 기회

나는 결국 공무원 생활 몇 년 뒤 직접 공무원 국비유학제도를 입안해 그 모든 여건을 만들어 냈다.

현실이 어렵다고 주저하고 포기하는 것은 나에게 어울리지 않았다. 오로지 긍정적인 마인드로 길을 만들어 내고, 끊임없이 도전하는 것, 그것이 내가 지금껏 살아온 방식이었다.

"어떻게 공무원이 유학 가는 제도를 만들어 낼 수 있을까?"

"어떻게 그런 생각이 가능하지?"

"선진국의 다양한 행정제도를 보고 배워 오면 우리나라에도 훨씬 도움이 되고, 공무원으로서의 자질도 배가될 테니 그야말로 일석이조가 아닌가?"

총무처에서 사무관으로 근무하던 시절, 나는 오랫동안 생각하고 준비한 아이디어를 입안해 관철시켰다. 공무원으로서 누구도 엄두를 내지 못했던 어려운 일을 일개 사무관이, 과장님(윤창수 과장, 나중에 차관급까지 승진)의 지휘를 받으면서, 그것도 들어온 지 2년차도 되지 않은 내가 해내자 주변 사람들도 깜짝 놀랐다.

나는 직접 공무원 유학 프로그램을 짜서 준비 작업에 들어갔다. 그때 나와 함께 공무원 해외유학을 처음으로 떠난 사람이 한덕수 전 총리와 현오석 현 부총리다. 두 사람은 당시 둘 다 경제기획원에 있었는데 이 제도가 생긴 덕분에 해외에서 더 많은 것들을 배워 올 수 있었다.

1977년, 나는 미국으로 가는 비행기에 몸을 실었다. 내가 직접 제도를 만들어 낸 덕분에 공무원 신분으로 국비지원을 받아서 가니 그야말로 행운이었고 감회가 새로웠다.

또한 그만큼 어깨가 더 무겁기도 했다. 더 많은 것들을 보고, 익혀서 돌아가야 했다. 내가 하는 공부는 전적으로 나만을 위한 공부가 아닌, 그 자체로 우리나라를 위한 배움이어야 했다.

비행기 창밖으로 끝없이 펼쳐진 푸른 하늘을 바라보며 나는 속으로 기도하고 또 기도했다. 내가 가는 이 길이 결코 헛되지 않게 해달라고. 이 어두운 시절에 한 줄기 빛이 되게 해달라고.

마침 미국에서 의사로 일하는 형님이 뉴저지에 신경내과 클리닉을 개업했기에, 나는 그곳에서 가까운 허드슨 강 건너편의 뉴욕 맨해튼에서 공부하기로 마음먹었다. 세계 최대 도시인 뉴욕이 어떤 곳인지 궁금했다.

그 덕분에 미국생활 4년 반 동안 새로운 학문의 세계와 국제적 감각을 익힐 수 있었다. 당시 뉴욕은 이민 온 외국인들과 이주노동자들로 넘쳐났다. 그래서 나는 그곳에서 미국뿐 아니라 전 세계의 문화를 접할 수 있었고, 그들과의 교제를 통해 다양한 세계관을 두루 경험할 수 있었다.

"한국은 어떤 나라인가요?"

미국인들은 심심치 않게 내게 이런 질문을 해왔다. 한동안 나는 아무런 대답도 해줄 수 없었다. 그동안 너무도 당연하게 한국인으로 살아왔기에 정작 내 조국인 대한민국을 냉철하게 바라보지 못했던 것이다.

"한국은 아름다운 나라입니다. 산과 강이 아름답고, 전통문화가 아름답고, 그리고……"

머뭇거리다 보면 그들은 내게 또 이렇게 되물었다.

"정말 가보고 싶은 나라군요. 그런데 정치제도는 어떤가요? 미국처럼 자유롭고 민주적인가요?"

나는 딱히 대답할 말을 찾지 못했다. 대한민국은 너무도 아름다웠지만, 아직 민주주의의 꽃은 피지 않았기 때문이었다. 그 꽃봉오리만 피울 수 있다면, 그럴 수만 있다면, 한국도 머지않아 세계인들에게 인상적으로 다가갈 수 있을 텐데…….

공무원의 신분을 유지한 채 2년간의 유학생활을 마치고 한국에 들어오면서 이미 내 마음은 공부를 계속하여 학문의 길을 걸어야겠다는 생각으로 가득차 있었다.

나는 과감히 사무관 자리를 떠나기로 했다.

새로운 도전

"그 어려운 행정고시를 패스해서 사무관이 되었는데, 모든 것을 내려놓겠다고?"

"앞으로 안정적으로 나가는 길만 남았는데 그걸 다 버리겠다고?"

가족과 친구들이 깜짝 놀란 것은 물론이고, 총무처 간부들도 황당하게 생각했다. 한국에 들어온 지 채 한 달도 지나지 않아서 나는 사표를 내고 다시 미국으로 갈 채비를 했다.

총무처에서는 나를 보내줄 수 없다며 만류했다. 하지만 한 번 마음먹은 이상 나는 뜻을 굽힐 수 없었다.

그저 죄송한 마음뿐이었다. 나를 믿고 국가에 더 큰 일을 하라고 유학비용까지 대 주면서 더 넓은 세계로 보내준 정부에게 할 말이 없었다. 나는 당시 나로서는 엄청난 돈이었던 유학비용 전액을 변상하고 그만두기로 하고, 먼저 그 일을 부모님께 상의를 드렸다.

"아버님, 어머님, 생각나시는지요? 제가 중학교 때 대광중학교를 그만두고 재수를 결심했을 때 말입니다. 남들에게 보이려고 더 좋은 중학교를 선택한 게 아니라는 거, 기억나시지요?"

부모님은 두 눈을 감으시곤 묵묵부답이셨다.

"나 자신과의 싸움에서 졌다는 생각 때문이었습니다. 이번에도 마찬가지예요. 저는 공무원보다 더 넓은 세계로 나가고 싶어요. 유학을 마치고 학문의 길로 가고 싶어요."

"압니다. 부모님께서 걱정하시는 거. 하지만 저는 꼭 이 길을 가야겠습니다. 가시밭길이라는 거 압니다. 그런데 시간이 없어요."

"사무관을 그만두면 앞으로의 계획이 무엇이냐?"

부모님께서는 내 이야기를 들으신 뒤 근심어린 눈빛으로 물으셨다.

"더 많은 것을 보고 배우고 싶어요. 박사학위는 기본이고, 그곳에서 다양한 문물을 접하고 싶어요."

다행히 가족들이 도와주셨다.

"막내가 박사 학위를 목표로 공부하겠다는데 밀어주시죠. 그 자체로 집안의 명예가 될 것이고, 가장 중요한 것은 막내가 하고 싶은 일을 할 수 있게 도와주는 것이 가족이 해야 할 일 아닌가 싶어요. 그래서 더 큰 세상을 품을 수 있게 해주는 게 우리의 역할이라는 생각이 드네요."

잠자코 형님의 이야기를 듣고 계시던 어머님은 내 손을 붙잡아 주셨고, 아버님은 가만히 고개를 끄덕여 주셨다. 마침내 부모님께서는 서울 생활의 터전이며 재산의 주요 부분이었던 동대문의 집을 팔아서 국비유학자금을 모두 변상해 주셨다. 나는 지금도 10원, 20원을 아끼시며, 항상 가족들이 먹다 남은 음식만 잡수시던 어머님께서 거액을 지원해 주시면서 막내아들에 대한 무한신뢰를 보여 주셨던 모습을 잊을 수가 없다.

사실 그 당시로는 상상하기 어려운 가족들의 결단이었다. 미래가 불확실한 상태에서 안정된 직장을 던지고 부모님 집을 팔아 다시 유학을 가기로 결심한 것은 나의 인생항로에서 커다란 전환점이었다. 그때의 무모한 짓으로 보이는 결단이 있었기에 학문의 세계로 길이 열리게 되었고, 대학교수가 될 수 있는 가능성이 마련된 것이다.

나는 다시 미국으로 가 뉴욕대학교에서 조교생활을 하면서 틈틈이 〈뉴욕 한국일보〉에서 기사를 썼다. 주말에는 아르바이트로 생활비와 학비를 조달했다. 남아 있는 재산을 처분한 부모님께 더는 손을 벌릴 수 없었고, 내게는 그 모든 일 또한 배움이었기 때문에 작은 일도 허투루 할 수 없었다.

"연천아. 형은 의사라는 직업에 후회가 없다. 너도 공무원으로 남았다면 얼마나 좋았겠니? 이렇게까지 고생을 하지 않아도 되었을 텐데."

뉴저지의 병원에서 근무하는 형님은 자주 나를 걱정하시면서 한편으로는 격려도 해주셨다.

"형님, 저는 여전히 어릴 때의 그 연천이랍니다. 아직 세상 모든 것이 궁금하고, 배울 게 너무 많아요. 초등학교 때 처음 본 서울과, 지금 와서 알게 된 뉴욕이 다르지 않습니다. 더 많이 배우고 제가 본 새로운 세상을 더 널리 알게 해주고 싶습니다."

그렇게 2년 반 동안 공부하면서 나는 박사학위를 받았고, 다시 한국으로 돌아왔다. 짧은 순간, 미국에서 일할 기회가 있었으나 그럴수록 나는 나 자신을 몰아붙였다.

나는 반드시 한국으로 돌아와야 했다.

험난한 생활의 여정

정부로부터 받은 국비유학자금은 변상했지만, 어찌된 일인지 총무처에서는 사표 수리를 쉬이 해주지 않았다. 지금 생각해 보니 정부로서는 공무원 국비유학제도의 취지에서 보면 돈보다도 정부가 지원해서 기른 공무원을 놓치지 않으려는 것이었을 것이다.

그러나 나는 미국에 TA(통계학 조교) 자리를 이미 확보해 놓았기에 마음이 급했다. 빨리 조교 일을 시작해야 장학금을 받으며 공부를 할 수 있기 때문이었다.

막내아들의 꿈을 실현시켜 주기 위해 온 가족의 삶의 터전이었던 집을 팔아서 국비유학자금을 변상해 주신 부모님의 높으신 뜻이 받아들여진 것이었을까? 아니면 공부에 대한 간절한 나의 마음을 그들도 이해한 것이었는지, 그렇게 오랜 기다림 끝에 총무처로부터 사표가 수리되었다는 연락을 받았다.

나는 그 소식을 듣자마자 바로 짐을 싸서 다음날 미국으로 출국했다. 그렇게 우여곡절 끝에 공부를 시작했기 때문에 나는 미국에서도 더 열심히 논문에 매달렸다. 주말은 물론 공휴일도 내게는 없었다.

아무래도 영어가 부족할 수밖에 없어서 동기 학생들보다 두세 배 이상 힘을 쏟아야 했다.

하지만 그 와중에도 나는 학비와 생활비를 마련하고자 조교일 외에도 아르바이트를 해야만 했다. 한번은 노점상에서 1년 반 정도 물건을 팔기도 했다. 수업이 없는 날에는 짬짬이 뉴욕 한국일보에서 오전 근무를 하기도 했다. 결혼을 하고 막 아들이 태어났을 때라서 더 많은 돈이 필요했기 때문이다.

그렇게 부지런히 일하고, 또 열심히 공부한 덕분에 4년 반만에 석사 및 박사학위 모두를 받을 수 있었다. 당시로서는 상당히 빠른 편이었는데, 친구들은 기특한 일이라고도 했다. 단순히 공부만 한 게 아니라 학비도 벌고 평일과 주말을 가리지 않고 생활비까지 벌면서 따낸 학위였기 때문이다.

나 역시 바로 그 사실이 박사학위보다도 뿌듯했다.

그것이 곧 삶의 자세에 대한 학위처럼 느껴졌다.

귀한 사람들과 복지의 중요성

바쁘게 지내던 유학생활 중에도 나중에 유학 온 친구들이나 영어가 부족한 친구들에게 틈틈이 개인 교사 역할을 자처하곤 했다. 그 덕에 친구들을 사귈 수 있었고, 오히려 다른 영역에서도 많은 도움을 받을 수 있었다.

공부는 단순히 책상 앞에서만 이루어지는 게 아니라 사람들을 만나고 이야기를 나누면서도 배움을 얻을 수 있다고 생각했다.

그래서 내가 대학교 1학년 때 학교일을 맡았을 때에도 학생들뿐 아니라 교수님들과도 많은 시간을 가지려고 노력했다. 당시, 이현재 학생처장(전 총장, 전 국무총리)께서 나를 많이 격려해 주시고 챙겨 주셨던 기억이 난다. 이현재 전임 총장님께서는 내가 총장직에 선출된 지 1년이 지난 어느 날, 당신께서 가보로 소장중이시던 조선조의 명화백 오원 장승업의 국보급 작품들을 서울대학교에 기증해 주셔서, 이를 기념하여 박물관에서 '장승업전'을 개최하기도 하였다.

대학 2학년 때 대학신문에서 기자활동을 할 때는 자문위원 교수님들을 뵈면서 그분들의 사상이나 철학에 대해서 이야기를 들을 기회가 많았다. 정치학과에 다닐 때는 김영국 교수님과 이홍구 교수님의 정치사상에 많은 감화를 받았다.

행정대학원에서 공부할 때는 지금은 돌아가셨지만 행정학의 태두이신 박동서 교수님과 유훈 교수님, 안해균 교수님, 이번에 본교 발전기금으로 2억 원을 기부해 주신 조석준 교수님, 이렇게 네 분의 영향을 많이 받았다. 이분들께서는 항상 내게 "자신감을 가져라, 뒤늦게 공부를 시작했어도, 미개척 분야여도 늦지 않았다."고 말씀하시며 격려를 해주셨다.

미국에서 유학생활을 하면서 만났던 사람들 또한 내게 많은 도움을 주었다.

현재 〈매일경제신문〉의 장대환 회장은 그 당시 내가 공부하던 강의실 바로 위층인 경영대학에서 국제경영학을 공부했으며, 한양대학교의 김종량 이사장은 나와 같이 NYU(뉴욕대학교)에서 1년 남짓 같이 있다가 컬럼비아대학으로 갔다. 뿐만 아니라 정운찬 전 총장을 컬럼비아대학 앞에서 우연히 만나 인사를 나누기도 했다. 이야기를 나누다보니 고등학교 선배인 것을 알게 되었고, 그때부터 그분과의 인연이 시작되었다.

1977년 초에는 박지원 원내대표와 김혁규 전 경남지사가 브로드웨이에서 각자 사업을 하기도 했다. 직접 만나지는 않았지만, 저마다 미국에서 자신만의 꿈과 배움을 다져 나가기 위해 노력하던 시절이었다. 두 분은 모두 80년대에 한국으로 오셔서 활발한 정치활동을 해 오고 계시다.

나 역시 학업과 생활을 이어가기 위해 최선을 다했다. 조금이라도 생활비를 아끼기 위해 자전거를 타고 다니며 장을 보고 통학을 했다.

아내가 아이를 낳았을 때는 경제적인 어려움이 절정에 달했다. 미국에서는 그 당시 일반 산부인과에서 출산을 하려면 보통 5천 달러 정도가 드는데, 우리 부부는 그만한 돈을 지불할 여력이 없었다. 그래서 수소문 끝에 민간병원임에도 소위 시립병원의 지위를 부여받은 곳을 찾아냈다. 그곳에서는 복지혜택을 받아 300달러에 입원·분만할 수 있었기 때문이다.

더군다나 미국에는 출산을 한 후에 우유 값이 부족할 경우 신청을 하면 독지가를 소개받는 시스템이 있다. 그 덕분에 우리는 출산 후 한 해 동안 한 독지가로부터 아이의 우유 값으로 매달 200달러를 지원 받기도 했다. 나는 그럴 때마다 다양한 복지혜택과 의료시스템 정보를 체크해 두어 같은 유학생들에게 정보를 제공하기도 했다.

하지만 아이를 돌보기 위해 아내가 공부를 포기할 수밖에 없어서 늘 안타까웠다. 그럴수록 나는 더 많은 시간을 투자해서 공부를 했고, 틈틈이 돈을 벌었다. 시간을 쪼개고 또 쪼개야 했다.

경제적으로 여유가 있는 사람이 사회적인 약자를 더 잘 돌보고 나눌 수 있어야 그 사회가 더 건강해질 수 있다. 덕분에 나는 선진국의 복지제도와 시스템의 혜택을 받아 경제적인 어려움들을 극복해 나갈 수 있었고, 부족한 부분을 스스로 채워 나갈 수 있는 힘을 얻을 수 있었다.

그렇게 복지혜택을 받은 경험이 훗날 나의 연구 자료로도 상당히 큰 도움이 되었다.

지금 생각하면 그 시절이 참 그립고 애틋하다. 비록 경제적으로는 풍족하지 않았지만 그만큼 더 큰 꿈을 가지고 곱절의 노력을 기울일 수 있었다는 것, 그 자체로 행복하지 않았나 싶다.

내가 서울대학교 학생들에게 늘 감사하는 마음을 가지라고 당부하는 까닭이기도 하다. 경제적으로는 어려울 수 있지만 국민들의 지지와 성원을 통해 더 많은 혜택을 받으며 공부하는 자체, 그만큼 더 큰 비전을 가지고 나갈 수 있다는 자체만으로도 우리는 감사한 삶을 살고 있는 것은 아닐까?

우리 대학생들이 대한민국의 미래를 더 고민하고 걱정해야 하는 이유다. 배우고 깨달은 지식들을 사회에 환원해야 하는 이유기도 하다.

사회적 약자에 대한 배려

1980년대 초반, 미국 뉴욕에서 유학 생활을 할 때 맨해튼에서 교통사고를 당했던 이야기를 좀 더 덧붙이고자 한다. 당시 링컨 터널 진입 지점에서 교통사고를 당했다. 내가 소유한 500달러짜리의 낡은 차량이 실수로 먼저 진입해 있던 벤츠 스포츠카의 앞쪽 문짝을 들이받은 것이었다. 가난한 유학생이 값비싼 차를 받았으니 당황할 수밖에 없었다.

“저도 모르게 그만, 죄송합니다. 제가 책임지겠습니다.”

나는 벤츠 운전자에게 보험증서, 차량등록증, 운전면허증을 제시하며 죄송하다고 했다. 그런데 벤츠 운전자의 반응은 의외였다.

“당신은 괜찮은가요?(Are you OK?) 탑승자들 중 다친 사람은 없나요?

오히려 운전자는 우리의 안전을 확인하며 자신의 차량 손실은 자신의 보험으로 처리할 테니 그냥 가보라고 하는 것이었다. 위기를 넘긴 순간, 나는 가슴을 쓸어내리면서도 놀랄 수밖에 없었다. 내가 잘못했는데도 먼저 부상자가 없는지 확인하면서 저런 기품을 보여 주다니, 분명 그날의 승자는 벤츠 운전자였다. 나는 그 후로도 귀국 후 여러 차례의 교통사고를 겪을 때마다 맨해튼의 교훈을 잊지 않았다.

경제적 강자와 약자가 맞부딪혔을 때, 법, 계약 등 제도적 맥락 이전에 강자가 약자의 아픔을 달래는 자연스러운 대응이 그 사회의 공존을 촉진하고 공영할 수 있게 만드는 무언(無言)의 힘이 아니겠느냐고 생각한다면 지나친 비약일까?

만일 서울 청담동 사거리에서 마티즈 차량이 벤츠 승용차를 들이받았다면 어떤 양상이었을까? 차량 피해에 대한 책임 분담은 논외로 하더라도, 마티즈 운전자가 겪는 자괴감과 굴욕감을 충분히 상상할 수 있을 것이다.

어느 사회나 '있는 자'와 '없는 자' 간의 격차가 존재할 수밖에 없는 만큼 그 사회의 진정한 경쟁력은 바로 '있는 자'가 얼마나 '없는 자'를 생각하고 배려하는가에 달려 있다고 해도 과언이 아닐 것이다.

가진 자의 여유와 포용은 없는 자의 제도적 순응을 불러일으키는 데 필수 불가결한 조건이며 의무다. 만일 경제적 강자가 법과 제도를 고집하며 스스로의 이익을 방어하는 데 집착한다면, 더 나아가서 교만한 힘의 우위를 은연중 드러낸다면, 약자의 순응은커녕 공동체의 진정한 연대를 위태롭게 할 것임은 자명하다.

일본의 한 교포 택시 사업가는 평생 자가용을 타지 않고 택시로 출근했다고 한다. 바로 택시기사의 애환을 매일 점검하고 개선하기 위해서였다. 당연히 노조를 결성하자는 택시기사는 아무도 없었다고 한다. 우리 기업인들도 이러한 사례에 더욱 귀를 기울였으면 한다.

정치권도 마찬가지다. 정치적 다수로 부상한 보수 여권 역시 진보 야권이 펼쳤던 도덕적 진의(眞義)를 너그러이 인정할 필요가 있다. 그렇게 약자와 소수의 의견을 존중할 때 극단적 선택을 예방하고, 더 건강한 법 제정과 정치 문화를 만들어 갈 수 있다는 사실을 간과해서는 안 된다.

'있는 자'와 '없는 자' 간의 마찰과 갈등을 치유하는 데 있어서 정부의 제도적인 역할 또한 중시하지 않을 수 없다. 그러나 그에 못지않게 '사회적 자본'(social capital) 형태로 발휘되는, '있는 자'들의 책임 있는 역할이야말로 사회적 통합을 도모하는 가장 소중한 방안이라고 볼 수 있다.

인간은 모두 신으로부터 고유의 능력(talent)을 부여 받았다. 내가 좀 더 가진 것으로 덜 가진 이들의 존재가치를 인정하고 아픔을 어우를 때 공동체의 진정한 승리가 이루어질 수 있다는 점을 잊지 말아야겠다.

내게 나태함은 곧 범죄이자, 학생들을 기만하는 행위나 마찬가지였다.
그렇게 나를 채찍질하며 모든 노력을 기울이며 매진하다 보니
어느 순간 나는 서울대학교 총장이 되어 있었다.

대학인의 길

서울대학교에 진 빚

한국으로 돌아오자마자 나는 서울대학교 교수직에 지원을 했다. 하지만 생각했던 것과 달리 바로 임용되지 못했다.

"제가 왜 임용되지 못한 거죠?"

나는 몇몇 교수님을 찾아가 확인을 했지만, 이렇다 할 대답을 듣지 못했다. 내가 임용되는 것을 반대하신 교수님 또한 별 말씀을 해주지 않으셨다.

나는 찬찬히 내 모습을 돌아보았다. 나는 왜 교수가 되려는 것일까. 단순히 성공을 위해 교수가 되고 싶은 것일까. 그런 생각이었으면 애당초 사무관을 그만두지 않는 게 옳았을 것이다. 집을 팔아 가며 공부를 더 하지도 않았을 것이고, 갖은 고생을 하며 박사학위를 따지도 않았을 것이다.

'정말 교수가 되고 싶은 거냐? 무엇 때문에?'

나는 끊임없이 반성하고, 또 반문했다. 그러면서 좌절하지 않고 다시 교수직을 지원하고 떨어지길 반복했다. 그러고 나니 자존심도 상하고 지인들 보기에도 면목이 없었다.

'안정된 모든 걸 버리고 내가 뉴욕에 왜 간 걸까?'

이번에도 나는 나 자신을 돌아보았다. 하지만 묻고 또 물어도 내 대답은 하나였다. 반드시 교수가 되는 것이었다. 교수가 돼서 지금껏 내가 체험하고 깨달은 것들을 가르치고 싶었다.

그때부터는 흔들릴 겨를도 없이 초심으로 돌아가 더 겸손히 교수 임용을 준비했다. 박사학위를 딴 것에 자만하지 않고, 내가 연구해 온 것들을 더 충실히 돌아보며 점검했고, 조금이라도 부족한 부분은 선배 교수님들을 찾아가 여쭈었다.

또한 이론적인 이해에 만족하지 않고, 어떻게 하면 그것들을 현실에, 그리고 우리 사회에 적용할 수 있을지 고민했다. 이렇다 할 해법이 보이지 않을 때는 유사한 사례가 있는지 확인하기 위해 백방으로 뛰어다녔다.

1983년, 그렇게 세 번의 지원 끝에 나는 마침내 모교인 서울대학교에 교수로 채용되었다. 얼마나 고맙고 기뻤는지 관악캠퍼스를 뱅뱅 돌며 마음속으로 거푸 감사기도를 드렸다.

또한 나를 뽑아 준 서울대학교에 감사하는 마음과 함께, 나를 신뢰해 준만큼 나 또한 우리 모교를 위해 평생 헌신해야겠다는 다짐이 생겼다.

지금껏 내가 조금도 주저하지 않고 서울대학교를 향해 달려온 이유기도 하다. 그런 내게 나태함은 곧 범죄이자, 학생들을 기만하는 행위나 마찬가지였다. 그렇게 나를 채찍질하며 모든 노력을 기울이며 매진하다 보니 어느 순간 나는 서울대학교 총장이 되어 있었다. 나의 지인들은 열심히 노력한 결과라고 입을 모아 말하지만, 그런 이야기를 들을 때마다 나는 송구스럽기 그지없다. 나는 언제나 서울대학교에 빚진 자로 남을 것이다.

학생과 교육이 먼저인 대학

서울대학교 행정대학원의 특성상 학생들은 수시로 교수 연구실을 찾았다. 열린 수업을 지향하며 함께 제반 재정 문제에 대해 고민하다 보니 밤늦게까지 모여 앉아 토론하는 날도 많았다.

때때로 개인연구 시간이나 수업준비 시간이 모자랄 때도 나는 학생들을 물리지 않고 이야기를 나누었다. 대신 부족한 시간은 밤이든 새벽이든 할애해서 더 철저히 연구하고 강의 준비를 했다.

"이제 그만 일어나자. 교수님 곧 강의 있으시잖아."

어느 때는 학생들 스스로 내 스케줄을 염두에 두고 신경을 써 주기도 했다. 하지만 그럴 때마다 나는 오히려 학생들을 더 붙잡고 늘어졌다.

"궁금증이 정말 다 풀린 거니?"

몇 번이고 재차 물어서 학생들이 질문한 것들을 반드시 이해시켜야 직성이 풀렸다. 그렇다. 나에게는 교육과 학생들이 우선순위였기 때문이다. 서울대학교가 나를 교수직에 불러주었고, 학생들이 나를 원한다는 자체가 내게는 곧 존재의 의미이자 사명이었다.

늘 감사하는 마음을 가지다 보니 어떤 일에도 앞장서서 임하게 되고, 어려운 일이 있을 때도 긍정적인 마음으로 이겨나갈 수 있게 되었다. 조금이라도 문제가 생기면 모든 책임을 내 스스로에게 돌려 책임을 지고 해결해 나갔던 것도 그 때문이었다.

교수가 먼저 이런 마음자세를 지녀야 학생들도 열정을 가지고 학업에 임할 수 있다. 그렇지 않고 교수가 작은 것에 흔들리거나, 불평을 하면 학생들도 방향을 잃고 흔들린다. 그것은 비단 학교 수업에만 해당하는 것이 아니다. 삶도 마찬가지다. 교수의 철학과 행동은 미래의 비전을 키워 나가는 학생들에게 큰 영향을 미친다. 그렇기 때문에 나는 더더욱 수업 시간뿐 아니라 모든 일상생활에서 조금도 소홀한 모습을 보이지 않으려고 노력했다.

처음 교수가 되었던 1983년부터 2000년대 초까지, 그러니까 20여 년 동안 나는 거의 쉬는 날 없이 연구실에 나왔다. 토요일, 일요일도 마찬가지였다.

그러다 보니 대학생 때처럼 수위 아저씨들과 친해져서 주말에는 함께 식사도 하고 담소도 나누었다. 주말에 내가 학교에 나가니 일일이 문을 열어주어야 하고, 게다가 늦게까지 있으면 직접 문단속도 신경 써야 하니 얼마나 불편하셨을까? 그럼에도 아무 말 없이 환하게 웃으며 나를 맞아 주신 수위 아저씨들 덕분에 나는 더 연구와 강의 준비에 매진할 수 있었다.

나는 늦깎이였다.

진작부터 학문에 뜻을 두고 공부를 시작한 게 아니라 행정고시 준비나 사무관 생활, 미국유학생활 등을 겪고 나서야 뒤늦게 한국에 들어와 교수가 되었기 때문에 자부심을 느끼면서도 한편으로는 늘 동료 교수들에게 미안한 마음이 있었다. 그렇기 때문에 모든 시간을 기울여 내 스스로 더 열심히 노력했고, 대학 강단에 서는 그 자체에 대해 늘 감사했다.

그 미안함과 고마움이 크나큰 원동력이 되어, 혼신을 다해 지금까지 나를 달려오게 하지 않았나 싶다. 토끼가 아닌 거북이였기에, 더 땀 흘리며 관악산을 오르지 않았나 싶다.

"작은 것에 감사하고, 나를 있게 해준 교수님, 선생님, 부모님, 친구들, 그리고 무엇보다 학생들에게 감사하세요. 아, 수위 아저씨한테도요."

나는 지금도 후배 교수들이나 학생들을 만나면 꼭 이 말을 해준다. 감사하는 마음이 있으면 하루하루를 함부로 살아갈 수 없다. 내 마음대로 편하게 지낼 수 없다. 어떻게든 그 고마움에 보답하기 위해 부단히 노력하게 된다. 그 열매는 온전히 다시 돌아온다.

그러면 전보다 더 큰 고마움이 생겨난다. 그리고 어느 순간 나의 존재가치는 커질 수 있다.

이보다 더 큰 기적이 어디 있을까?

대학과 학생운동

나 자신이 중·고등학교 시절 열혈 소년이었고 대학교 때는 학생활동을 조직한 바 있어서 나는 늘 학생들의 민주화 운동을 이해했다.

하지만 막상 교수가 되고 보니 조심스러운 면이 없지 않았다. 학생들 또한 민주화 운동에 적극 참여하는 사람과, 공부에 더 집중하는 사람들로 나뉘어 있었다. 교수의 본분이 학습지도인 이상, 직접 행동을 하기 어려웠다.

다만 나는 어떤 학생이든 자신이 깊이 생각하여 옳다고 판단한 것이라면 늘 응원해 주었다. 민주화 운동도 마찬가지였다. 나는 운동권 학생들에게 늘 이렇게 이야기했다.

"나 역시 누구보다도 너희들을 이해한다. 다만, 민주화 운동을 하면서도 네 자신을 잃지 않았으면 좋겠구나. 운동을 위한 운동, 시위를 위한 시위가 되어서는 안 된다. 네 스스로 그 속에서 미래를 준비하고, 역량을 쌓아 이 사회 공동체에 기여할 수 있는 방안을 늘 강구해야 한다. 그렇게 해서 이 사회를 바꾸어 나가도록 해라. 그만한 배포와 용기를 가져라."

나를 찾아오는 학생들에게 나는 한 발 더 나아가 당부하는 것도 잊지 않았다.

"민주화 운동은 사회를 위하는 것이고, 자신의 역량을 축적하는 것은 개인만 생각하는 것처럼 여겨지니? 그렇지 않단다. 너희 학생들 한 명, 한 명이 대한민국이고, 미래 사회다. 너희 하나하나가 더없이 귀한 생명이고 전부다. 부디 함부로 네 자신을 내던질 생각만 하지 말고, 그럴수록 네 힘을 갈고 닦아 개발해 나가렴. 당연히 할 수 있는 데까지 최선을 다해서 민주화 운동에 힘을 보태라. 하지만 그럴수록 자기 자신을 다스리는 노력을 게을리해선 안된다."

나는 마지막에는 꼭 이렇게 덧붙였다.

"겸손한 마음으로 다른 사람의 이야기를 먼저 경청해 보렴. 그러면 세상을 어떻게 이끌어 나가야 할지 보일지도 모르겠다. 실은 나도 아직 잘 모른단다. 나 역시 운동을 주도해 보고 퇴학도 당할 뻔했지. 대학생 때는 대학신문 기자도 해보고, 행정고시도 준비해 보고, 사무관도 했었어. 하지만 어떻게 하면 이 사회를 더 좋게 만들 수 있을지 지금도 고민 중이란다. 우리 함께 더 크게 바라보고 더 크게 달려가자. 민주화 운동도 학업도 다 잘해야 한다. 그리고 너 자신을 사랑하렴."

단과대학을 넘어선 서울대학교의 비전

21세기인 2000년도에 접어들면서 나는 행정대학원장이 되었다. 당시 이기준 총장님이 계셨고, 그 다음으로 정운찬 총장님이 계실 때였다.

막상 행정대학원장이 되니 학교행정에 더 관심을 기울이게 되었다. 이전까지는 막연하게 알던 학교의 행정 전반에 대해 관심을 기울였고, 4년 동안 학장회의에 참석하면서 학교 전체를 조망할 수 있었다.

단순히 시선이 학과 내부에만 머물다가 대학원장으로서 각 단과대학장들과 논의할 기회가 많게 되었다. 학장회의에 참석하면서 많은 구성원들이 자신의 소속 단과대학의 이해관계를 중심으로 발언하고 움직이는 것을 보게 되었다. 물론 그것은 당연한 모습이었지만, 나는 아쉬운 마음이 들었다.

서울대학교 전체를 바라보며 힘을 모을 수는 없을까, 공통의 목표를 위해 서로 이해하고 서로 양보할 수는 없을까? 그래야 서울대학교가 좀 더 바람직한 방향으로 발전할 수 있을 것 같아 나는 조심스럽게 보직교수님들에게 제안을 했다.

"단과대학이 가진 문제는 학장회의 때 말고 평소에 수시로 본부 간부들과 협의하는 게 어떨까요? 지금 이 시간은 우리가 힘을 모아 우리 대학의 미래를 놓고 고민했으면 좋겠습니다. 그게 발전적이고, 각 대학을 위해서도 최선이라고 생각합니다."

다행히 내 의견이 받아들여져서 정운찬 총장님이 계실 당시에 별도로 운영소위원회가 구성되었다. 학장회의에서는 각 학장들이 서울대학교 전체의 현안과 비전을 논의하고, 지엽적 사안이나 개별 교육단위의 특정사안에 대해서는 소위 '운영소위원회'에서 처리할 수 있게 만든 것이었다.

나는 직접 운영소위원회의 간사위원으로 일하며 학교 전체의 문제들에도 관심을 기울였다. 그 덕분에 서울대학교의 각 기관별 문제나 현황을 더 깊이 알고 챙길 수 있었다. 어떤 안건이 운영소위원회를 거치고 나면 학장회의가 더 심도 있게 전개된 것은 물론이다.

"보통은 자신이 속한 대학만 신경 쓰기 마련인데, 서울대학교 전체 문제에도 발을 벗고 나서시니, 이참에 학교를 위해 총장을 해보시면 어떻겠습니까?"

몇몇 교수님들은 내게 총장이 되는 게 어떻겠냐고 물어오셨다. 그럴 때마다 나는 정중하게 고개를 저었다.

"아닙니다. 아직 한참 부족한 제가 총장이라니요. 저는 엄두가 나지 않습니다. 저는 조그마한 대학 소속이어서 가당치 않습니다. 개인적으로도 준비가 안 되었습니다.”

하지만 몇몇 교수님들과 주변 사람들이 계속 나를 채근했다.

나는 전혀 총장직에 대해 생각해 본 적이 없기에 적잖이 고민을 했다. 행정대학원은 교수 숫자도 적고, 또 서울대학교는 대학원보다 학부 교육이 더 중시되었기에, 내가 보고 익힌 것들로 서울대학교 전체의 이익을 책임진다는 것은 당시로서는 어불성설이라고 생각했기 때문이다. 하지만 이후 수년 동안 주위 교수님들과 학교 관계자들이 지속적으로 나를 독려하셨고, 결국 그런 이야기가 나온 지 6년 뒤에 나는 서울대학교 총장으로 당선되었다.

가장 놀란 사람은 다름 아닌 나 자신이었다. 내가 과대평가되고 있는 것이 아닌지 불안하기도 했다. 무엇보다 나를 믿어 주고 응원해 준 교수님들과 교직원분들에게 너무 고마웠다. 그러면서도 한편으로는 왜 나일까 하는 생각을 끊임없이 했다. 그럴수록 나는 더 혼신을 다해 서울대학교를 위해 모든 노력을 기울이려고 하였다.

총장직은 끝이 아닌, 진정한 시작이었기 때문이다.

나는 총장직에 신임된 것은 예비신임에 불과한 것이라는 생각을 지금껏 갖고 있다.

겸양의 덕

서울대학교는 많은 국민이 주목하는 대학이기에 사회적 책무를 완수할 수 있는 교육과 연구, 그리고 인재양성에 역량을 집중해야 한다.

21세기에 접어들면서 세계와 대한민국은 새로운 지식사회에 접어들었기에, 서울대학교는 새로운 학문적 가치를 창조해야 할 시대적 사명을 안고 있다.

'이러한 시점에 과연 나는 어떻게 총장으로서 서울대학교를 대표할 것인가?'

총장선거에 당선된 것에 대한 자부심을 느낄 겨를도 없이 나는 당장 서울대학교의 현황과 가치에 대해 조망하는 작업에 착수했다. 또한 국내에서의 인식뿐 아니라 세계적인 관점에서 서울대의 가치를 세세히 따져보았다.

더 이상 과거의 명성에 기대어서는 시대를 선도하는 발전을 할 수 없다는 것이 많은 분들의 판단이었다.

단순히 머리가 좋고, 공부를 잘하는 것이 중요한 게 아니다. 그렇기 때문에 내가 무슨 일을 할 수 있는지, 어떤 일에 어떻게 도전할지, 그래서 나는 무엇을 사회에 환원할 수 있을지, 서울대학교 학생들은 얼마나 더 공동체에 기여할 수 있는지가 중요한 것이다.

그러기 위해서 나는 자리에 연연해 하지 않고 모두에게 감사하는 마음으로 임하고자 노력했다. 내가 총장으로 선출된 배경 중 하나도 항상 고마워하는 마음을 가지고 작은 일에도 기뻐하며 열과 성을 다했기 때문이라고 늘 혼자 생각했다. 단과대학에서 회의를 하자고 부르거나 협조요청을 할 때도 그 자체가 고마워서 열일 제쳐두고 달려가서 최선을 다해야 한다고 생각했다.

그렇게 생각하고 행동하다 보니 평교수 시절부터 많은 교수들과 일할 수 있었고, 시간이 지날수록 관계 자체가 커다란 힘이 되어 주었다.

사람들은 내게 성공의 비결이 무엇이냐고 묻곤 한다. "성공이라니요?" 나는 먼저 반문한다. 그런 이야기는 서울대학교 입학 당시부터, 교수로 임용되었을 때도 그것을 성공이라고 여긴 적이 없다.

"어떤 자리에 앉거나 어떤 결과를 얻었다고 해서 성공이라고 생각하지 않습니다. 자기 자신의 만족을 생각하면 끝도 없지요. 다른 사람의 시선에 안주해도 마찬가지예요. 성공은 결과가 아니라 과정이 아닐까 싶어요. 지금까지 이 일을 하기 위해 어떤 마음가짐으로 얼마나 성실하게 일해 왔는지, 그것을 다른 사람의 이목이 아닌 내 스스로 인정할 수 있다면 그게 성공이 아닐까요?"

그런 의미에서 나는 아직 멀었다고 생각한다. 학생들에게는 종종 이렇게 이야기해 준다.

"성공의 비결이란 게 있다면, 대가에 집착하지 않고 기회가 주어졌다는 것에 감사하며 전심을 다해 일하고 공부하는 것입니다. 매사에 고마워하고 감사한 마음을 가지면 그게 반드시 내게 돌아옵니다. 긍정적인 사고는 긍정적인 과정과 결과를 불러오지요. 그렇지 않고 작은 이익에 연연해 하며 귀찮아하고 부정하다 보면, 어느 순간 나 자신도 그런 존재가 되어 있겠지요. 머리가 우수하다고 뽐낼 일이 아닙니다. 등수가 좀 낮으면 어때요? 그저 내게 주어진 일에 감사하며, 발 벗고 나서서 최선을 다하는 것, 저는 그 자체가 행복의 비결이라고 말하고 싶어요. 성공이라는 말보다는 행복이라는 말이 마음에 드네요."

또한 오히려 성적이 좋고 성과가 좋은 학생들이나, 교직원들에게는 이렇게 조언하는 것도 잊지 않는다.

"머리가 좋고, 능력이 뛰어나다는 것은 그 자체로 어려움을 가지고 있는 것입니다. 오만이나 자만에 빠지기 쉬워요. 그것 자체로 굉장한 독이라는 것을 항상 유념해 주세요. 자기가 부족하다고 생각할 때 남의 말을 경청할 수 있고, 더 겸손히 배우려고 하고, 그만큼 깊이 공감할 수도 있는 것입니다. 바로 그것이 인간이 갖추어야 할 기본조건이라고 생각합니다. 인간은 이 우주 속에서 너무도 작고 불완전한 존재입니다. 일류대학 나왔다고 달라지나요? 항상 겸양을 잊지 말고, 전보다 더 감사하세요."

가족들에게 늘 미안한 마음

서울대학교 교수로 한 우물을 파다 보니 가족들에게 늘 미안한 생각이 든다. 대부분의 시간을 캠퍼스에서 보내다 보니, 상대적으로 가족들에게 관심을 쏟는 시간이 부족하기 때문이다.

우리 같은 공직자들에게는 모든 사람이 가족이다. 그 조직에 속한 사람들 또한 깊은 관심을 기울이고, 온 마음을 다해 챙겨야 한다.

그렇기 때문에 가족 구성원들의 이해와 배려가 필요하다. 그것은 곧 가족들이 나를 사랑하는 것뿐 아니라 내가 속한 곳의 구성원들까지도 지지하고 도와야 한다는 말이다. 나로서는 더없이 미안하고 고마울 따름이다.

특히 큰 형님은 지금도 나의 일거수일투족을 챙기며, 언론매체 등에서 서울대학교에 대해 다루는 부분들에 대해 많은 조언을 해주신다.

2011년 서울대학교 점거사태 때는 여기저기 돌아다니는 쪽지와 현수막, 선언문 등을 수거해서 나에게 보여 주시곤 했다.

"이번 일에 대해 학생들은 이렇게 느끼고 있더구나."

한번은 학생들의 생각을 내게 일러주기도 하셨다.

"형님, 꼭 학생들 마음을 들여다보고 계신 것 같으세요. 어떻게 그런 것들을 다 아십니까?"

내가 묻자 형님은 껄껄 웃으며 대답하셨다.

"직접 관악산 등산객으로 와서 학생들과 거닐며 이야기를 나누었지. 총장은 누구보다 학생들의 마음을 깊이 헤아려야 한다는 걸 잊지 말거라."

또한 아내는 서울대학교 총장직을 수행하는 나를 내조하고자 다니던 대학의 교수직도 그만두고, 좋아하는 음악 연주 활동도 자제하면서 뒷바라지를 해주고 있다.

"당신 음악 계속하고 싶지 않아요?"

짠한 생각이 들어 한 번씩 물어보면 아내는 다시금 내 넥타이를 꽉 매어 주는 것으로 답변을 대신한다.

지난 4년을 돌이켜보면 함께 휴가를 제대로 간 적이 없다는 게 늘 미안하고 아쉽기만 하다. 이번 여름에 총장이 아닌, 자연인 오연천으로 돌아간다면 모두 함께 휴가를 갈 수 있을까? 미국에서 태어난 손자를 처음 본 게 1년 6개월 만이었는데, 이제는 실컷 볼 수 있을까?

그럼에도 불구하고 한결같이 나를 응원하고 기다려 준 가족들에게 고마움을 전하고 싶다.

나에게는 그것이 가장 고맙고, 또 미안한 마음이다.

긍정적 자세로 세상을 대하자

나는 항상 긍정적으로 사고한다. 한 인간으로서 숨 쉬며 아침에 일어나서 햇살을 바라보는 자체가 행복하다. 또한 나는 할 일이 있기 때문에 행복하다. 책임자의 삶을 살고 있어 어려운 점도 있지만, 함께 같은 곳을 바라볼 수 있다는 자체로도 기쁘고 고마울 따름이다.

장애물이 있을 때는 그것을 장애물이라고 생각하지 않고 나를 더 훈련시켜 주는 도구라고 생각한다. 그것을 극복하고 뛰어넘으면 우리는 더 높은 곳을 향해 달려갈 수 있으며, 다음에 어떤 어려움이 닥쳐도 맞설 수 있는 용기가 생기기 때문이다.

아무리 어려운 일이라도 결국은 사람과 사람이 만들고 나누는 일이기 때문에, 마냥 그것을 이기려고 하기보다는 상대방과 공감대를 형성해서 힘을 모으면 더 쉽게 헤쳐 나갈 수 있을 것이다. 욕심이 클수록 자기 스스로에게 압도되고 만다. 평상심을 가지고 현상을 바로 볼 줄 알아야 한다.

그러기 위해서는 실패를 실패로 인식하지 않고, 성공을 위한 준비 과정이라고 생각하고 더 열심히 노력해야 한다. "실패는 성공의 어머니"란 말도 있지 않은가? 성공과 실패라는 이분법으로 현실을 볼 게 아니라 어떤 일이 힘들다면 더 고맙게 여기고 어떻게 극복할지 연구하고 다시 도전할 일이다.

누군가 나를 부정적으로 생각해도 원망할 필요가 없다. 물론 이렇다 할 이유 없이 나를 모욕한다면 그 사람에게도 분명 잘못이 있겠지만, 그런 생각을 하기에 앞서 조금이라도 내가 그 사람에게 잘못한 것이 없는지, 또 나를 그 사람에게 긍정적으로 이해시키려면 어떻게 해야 하는지 끊임없이 나를 돌아볼 줄 알아야 한다.

모든 문제는 내 안에 있다. 내 마음을 통제하고, 내 마음을 있는 그대로 들여다볼 줄 안다면, 세상 또한 깊이 들여다 볼 수 있다. 그렇지 않고 문제를 상대방 안에서 찾으려고 하면, 더 큰 상처가 되어 내게 돌아온다. 결과적으로 나는 더 갈등하고, 더 퇴보하게 된다.

사람이 종교를 믿고, 또 하느님께 용서를 구하는 것 또한 모든 문제를 내 탓으로 돌리고, 반성하여 더 나은 내일을 살고자 함이 아닐까?

하물며 인간이 인간에게 용서를 구하는 행위는, 그 자체로 숭고하고 아름다운 행동일진대 왜 우리는 그렇게 좁은 마음으로 서로 용서해주지 못하는지, 마음을 열고 다가갈 일이다.

좀 더 낮은 자세로 매사에 사람들에게 고마워하며 내가 먼저 손을 내밀 일이다.

그것이 모든 일의 열쇠라고 생각한다.

제2부

대학 공동체에서의 역할과 책무

- 소통의 기본원리
- 노블레스 오블리주 : 아름다운 사람들
- 대학의 사회적 책무를 향한 노력

소통의 기본은 나를 중심으로 생각하지 않고,
상대방을 중심으로 생각하고 이해하는 것이다.
사람의 인식과 판단능력에는 한계가 있기 때문에 상대방이 왜
그러한 입장을 취하게 되었는지, 그리고 어떤 것을 원하는지 충분히 숙지하고
존중하는 일이 선행되어야 한다.

소통의 기본원리

법인화의 본래 취지

기본적으로 국립대학의 지위를 그대로 유지하면서, 제한된 범위 내에서의 자율성을 더욱 확보하는 것, 그것이 바로 법인화의 핵심이다.

그것은 곧 서울대학교가 행정부에 속한 국립대학으로서 그 상징성과 혜택을 가지면서, 교육부 직할교육기관으로서의 통제에서 벗어나 일정 수준의 자율성을 가진 국립대학으로 전환되는 것이다.

물론 100퍼센트 자율성이 인정되는 것은 아니다. 하지만 국립대학교로서 주체적으로 할 수 있는 것들을, 우리 스스로 창조적으로 운영해 갈 수 있는 기회가 주어진 것이다. 예를 들어, 대학의 예산권이나 인사권이라든지, 교과과정을 편성하는 일에서 과거보다 더 넓은 범위의 자율성을 갖는 것이다. 그만큼 우리 스스로 책임감을 더 가져야 함은 물론이다.

"법인화, 단순히 국립대학의 지위를 벗는 것 아닙니까?" 이렇게 묻는 사람들도 있다. 하지만 이것은 완전히 오해다. 용어 자체에 오류가 있다. '서울대학교 자율화법'이라고 해야 맞다. 법인화법이라고 하니 사람들이 시장논리에 따른 일종의 이익단체나 회사 등으로 오해하는데 절대 그렇지 않다.

서울대학교 자율화 논의의 핵심은 우리 대학의 발전을 더는 타율적인 지위에 기대지 않고, 우리 스스로, 더 주체적으로 만들어 나간다는 데 있다. 서울대학교라는 상징성이 주는 이미지에 안주하지 않고, 우리 스스로 세계인의 대학으로 거듭나겠다는 의지의 표현이다.

서울대학교 법인화 문제는 국립대학이지만, 보다 넓은 자율적 기반 위에서 대한민국을 선도하는 대학교가 되겠다는 다짐에 핵심이 있다.

그렇다고 완전히 국가로부터 독립하겠다는 것은 아니다. 국립대학교의 정체성 또한 그대로 가져가야 한다. 서울대학교는 국가가 설립했고, 서울대학교의 절반은 국민의 세금으로 운영되기 때문이다. 대한민국 국민이 기대하고 염원하는 바에 따라 대학이 운영되어야 하는 것은 당연하다.

다만 자율성의 범위가 넓어진 것이라고 보면 된다. 그게 법인화의 기본 개념이다.

사실 내가 재임시 법인화를 집행했지만, 법인화에 대한 요구는 20년 전 이수성 총장님이 계실 때부터 서울대학교가 정부에 요청했던 사항이다. 국립대학으로서의 한정적인 행정체계만으로는 시대변화에 부응하기 어려웠기 때문이다.

이것은 다른 행정기관과는 비교할 수 없는 부분이다. 교육연구기관의 독자적 법인격의 문제는 한층 더 특수하다. 그러므로 마땅히 교육연구기관의 특징에 맞는 운영을 해야 한다.

서울대학교 법인화 문제를 오해하는 사람들은 "법인으로 전환되었는데 왜 정부의 규제를 받느냐"고 묻는다. 이것은 대학이나 국립대학의 위상을 잘못 이해한 것이다. 사립대학조차도 대한민국의 교육기관이기 때문에 국가가 필요로 하고 국가가 요구하는 사항에 대해서는 지켜야 한다. 결과적으로 이것은 국립대학이냐 사립대학이냐의 문제가 아니다.

중요한 것은 독자 법인으로서 서울대학교가 주체적으로 자부심을 가지고 더 전진할 수 있게 되었다는 것이다. 그러기 위해서는 구성원들이 본질적으로 자부심을 느껴야 한다. 그 자부심을 학생들 스스로 갖게 될 때 서울대학교는 더 세계적인 대학으로 우뚝 설 수 있을 것이다.

"우리가 부모님과 같이 살다가 부모님으로부터 분가를 했을 때에는 전보다 더 가족을 챙기고, 한층 더 스스로도 책임의식을 가지고 살아가지 않는가?"

그러기 위해서는 더 부지런하게 일해야지 독립한 보람이 있을 것이다. 분가했다고 해서 더 이상 가족이 아니라는 논리는 말이 되지 않는다.

학생들 또한 부모님 품에 있을 때는 자기가 하는 일이 제한되어 있는 것을 느낄 것이다. 하지만 분가해서 자취를 하거나, 주체적으로 생활을 하게 된다면 이야기가 달라진다. 한 사람의 독립된 시민이자 주체로 나 자신과 가족을 위해, 사회와 국가를 위해 전보다 더 책임의식을 가지고 달려 나가야 한다.

서울대학교는 더 이상 과거의 품 안에 안주하지 않으려 한다. 응석받이처럼 마냥 일등으로, 엘리트 집단으로 봐주기만을 원하지 않는다. 대한민국의 지식문화와 미래 비전을 책임질 수 있는 가장이 되길 원

한다.

서울대학교의 법인전환은, 그래서 하나의 선언인 셈이다.

법인화, 아쉬운 점들

2011년 5월에 있었던 학생들의 본부 점거사태는 학생들이 법인 전환에 대한 충분한 이해를 못했던 데 기인한 부분이 많다.

주체적이고 자율적인 운영에 시각을 두지 않고, 단순히 부정적인 관점에서만 바라보고 등록금이 천정부지로 오른다든지, 대학이 사업이나 장사를 한다든지 하는 비현실적인 문제만 걱정하며 깊이 들여다보지 않은 요인도 있었다. 뿐만 아니라 일부 정치권에서는 신자유주의의 정책산물이라며 비난여론을 부추기기도 했다.

하지만 법인화가 된 지 2년 반이 지난 지금, "과연 등록금이 올랐는가?" 또한 "법인화가 되었다고 정부의 지원이 끊어졌는가?" 되묻고 싶다. 오히려 법인화 전환 초기 3천 억 원 정도의 지원예산이 2014년 현재 4천 100억 원까지 늘었다.

서울대학교의 재정은 법 규정에 의해 보장 받고 있기 때문에, 더 늘면 늘었지 지원이 끊기거나 삭감될 가능성은 없는 것이나 마찬가지다.

법인화를 반대하는 사람들은 지레 부정적으로만 보고, "나중에 그 규정이 바뀌거나 폐지되면 어쩔 거냐."고 묻는다. 하지만 그것은 서울대학교 법인화 논의의 핵심이 아니다. 오히려 그럴 위험성이 조금이라도 있다면 적극 대응해야 할 일이지만, 그럴 가능성은 없다고 본다. 그래야 서울대학교가 더 주체적인 발전과 비전 제시를 위해 더 노력하고 매진하지 않겠는가?

나는 구성원 간에도 지속적인 대화가 필요하다고 생각했기에, 학생들이 본부를 점거했을 때도 크게 동요되지 않았다. 이번 기회를 통해 서로 충분히 마음을 터놓고 소통해 보고 싶었다.

다소 아쉬웠던 것은 법인화법이 평위원회를 통해 간접 투표로 최종 정부에 제안되었다는 점이다. 만약 법인화 제안에 대한 교직원들의 직접 투표 과정을 거쳤다면, 그리고 충분히 소통할 시간을 가졌다면 이렇게까지 사태가 커지진 않았을 거라는 생각도 들었다.

내가 총장이 되자마자 2010년 말 국회에서 법인화법이 전격 통과된 나머지 취임 반 년도 되지 않아 법인화 문제가 눈앞에 닥치게 되었다. 이후로 나는 거의 2년 동안 모든 노력을 관계자들 및 학생들과 소통하는 데 기울였다고 해도 과언이 아니다.

워낙 급하게 진행되어 온 사안이다 보니 광범위하게 대학의 총의를 확인하는 과정이 미흡했고, 법인화의 장단점과 필요성에 대해 구성원들이 이해하는 시간도 부족했다. 그러다보니 서로 간에 불신이 생겼고, 오해가 오해를 불러일으킨 것이다. 그래서 본부를 점거한 상태에서 공부농성을 하는 학생들을 보니 오히려 미안한 마음이 들었다.

어떤 사람들이 "법인화가 되어서 좋아진 것이 무엇이냐"고 물을 때마다 나는 이렇게 대답한다.

"법인화가 되었다고 한 번에 모든 것이 좋아질 순 없지요. 다만 앞으로 서울대학교가 더 좋아질 수 있는 체제를 정비하고, 더 단단한 주춧돌을 세웠다고 할까요. 당장은 눈에 보이지 않겠지만 앞으로 5년, 10년이 지나면 우리의 존재와 역할이 더 커질 것이라 생각합니다. 다양한 국가와 인종이 있듯이 연구하는 학문도 다양합니다. 저는 공부벌레가 다니는 서울대학교를 원하지 않아요. 대한민국, 아니 전 지구촌의 미래를 짊어진 참지식인이 모여들길, 그리고 우리 학생들이 그렇게 되기만을 바랍니다."

하지만 법으로 명시된 법인화 전환 과정이 1년에 불과해서 아직까지 부족한 점이 많은 것은 사실이다. 지금까지도 서울대학교가 관리하는 학술림이나 문화재 귀속문제 등은 정부와 논의가 계속되고 있는 실정이다.

모두의 노력과 협력이 필요한 시점이다. 분가를 했다고 우렁각시가 와서 살림을 대신해 주는 것이 아니듯이, 이제부터 우리 대학교 스스로가 일구고 채워 갈 것들이 많다.

비록 본부 점거를 하긴 했지만, 내 이야기를 듣고 서울대학교를 위해 제반 사항을 이해해 주고 지지해 준 학생들에게 고마울 따름이다.

학생들과의 소통

학생들이 본부를 점거했을 때 소통 과정에서 가장 중요한 원칙으로 삼았던 것은 학생들이 다치거나 부당한 조치를 당하지 않도록 하는 것이었다.

나 역시 고등학교 때 교풍확립대회를 주도하면서, 다른 무엇보다 징계를 면했기에 무탈하게 학교를 졸업하고 이후 서울대학교에 입학

할 수 있었던 경험을 갖고 있다.

"총장님, 본부 점거라니요. 학생들 너무하지 않습니까? 강제해산을 시켜야 하지 않을까요?"

주변 분들이 권고할 때마다 나는 완강히 반대했다.

"안됩니다. 강제해산 자체가 학생들에게 부당한 처사예요. 학생들은 지금 법인화가 미칠 영향에 대해 우려하고 있어요. 지금 중요한 것은 충분히 대화하는 것입니다. 좀 더 기다려 보도록 하지요. 설사 점거가 장기화되더라도 강제해산을 위해 공권력을 투입하는 방법은 절대 안됩니다. 그렇게 한다면 그 과정에서 학생들이 다칠 수가 있어요. 집행부에서도 인내심을 가지고 대응해 주기 바랍니다. 우리 또한 반대 입장에 대해 듣고 깊이 숙고해야 합니다. 서울대학교 법인화는 무엇보다 우리 대학의 자율적 기반을 뿌리내리기 위한 길임을 잊어서는 안됩니다."

나는 한 발 더 나아가 점거 일주일이 지난 시점에 단신으로 대학본부에 들어갔다. 학교책임자로서 학교본부가 점거된 상태라면, 당연히 점거 학생들을 만나야겠다고 판단했기 때문이다.

그렇게 민교협 교수 두 분과 함께 학생들을 만났다. 당시 학생들의 본부 점거로 학교 간부들은 국제협력본부에 사무실을 두고 점거 사안에 대해 대책회의를 하고 있을 때였다.

일부 간부 교수님들께서는 만약에 있을 사태에 대해 우려의 목소리가 있었지만, 나는 내 사무실에 내가 들어가는 게 무엇이 어렵겠느냐며, 지금은 그들을 이해시키는 노력이 어느 때보다도 필요하다는 생각으로 4층으로 올라갔다.

"총장님이다. 총장님이 오셨어."

"뭐라고 총장님이? 진짜?"

학생들도 내가 4층 본부 회의실에 바로 들어서자 깜짝 놀랐다. 어떤 학생들은 내가 나타난 것에 대해 박수까지 쳐주었다. 나는 학생들과 약 1시간 반 동안 대화를 나누었다. 무엇보다 우리 집행부는 학생들의 입장에서 더 많은 의견을 청취하겠다고 공개적으로 이야기하고, 마냥 법인화의 필연성을 내세우기보다 위로와 당부를 먼저 건네고 싶었다.

"어려운 여건 속에서 점거를 계속하느라 힘들지요? 학생 측에서는 무엇보다 어떠한 불상사도 일어나지 않도록 안전과 건강에 먼저 신경써 주세요. 저 또한 법인화에 대해 학생들과 깊은 대화를 하기 원합니다."

"저희들은 학교당국이 법인화를 밀어붙이는 게 섭섭합니다. 학교의 주인은 학생 아닌가요? 저희에게 이렇다 할 논의도 없이 서울대학교가 상업화되어 가고 있는 것은 아닌지요?"

학생들은 모두 일어서서 내 말에 주목했다. 그들의 초롱초롱한 눈망울을 보니 한 명, 한 명 손을 붙잡고 이야기하고 싶어졌다. 나 역시 학생들에게 허심탄회하게 생각을 전했다.

"법인화법에 대한 제안은 서울대학교 스스로 한 거예요. 전임 총장님 시절, 법인화법 기본 안을 정부에 먼저 제안했고, 정부가 그걸 손질해서 국회로 상정했어요. 당시 서울대학교의 미래에 대해 깊은 고민을 했던 학교 관계자들과 교직원들이 오랜 심의를 거쳐 결단한 것입니다. 그것이 국회에서 통과가 된 것이고요. 아쉬운 점은 국회 내에서 심의 과정이 충분히 이루어지지 않았다는 것입니다."

"저희들 또한 그렇게 생각하고 있어요. 심의과정이 세세하게 이루어졌다면, 학생들도 우리 학교의 법인화가 가져오는 득과 실을 냉정하게 파악해서 입장을 정리할 수 있었을 텐데요."

나는 고개를 끄덕이며 말을 이었다.

"서울대학교에서도 정치권 내에서 심층적인 심의과정을 거쳐 공개적인 논의가 이루어지길 바랐지요. 찬반양론이 건강하게 오가고, 어느 쪽이 서울대학교에 더 필요한지 숙지한 후에 결정할 수 있게 말입니다. 그 과정이 있었다면 법인화가 결정되었을 때, 대내외의 지지와 축복을 받으면서 이루어질 수 있었을 거예요. 지금보다 더 합심하여 한마음으로 나아갈 수 있었을 것입니다. 하지만 그 당시 여야가 대치하고 있던 상황에서 이 건을 여당이 단독 처리했다고 볼 수 있어요."

"법인화법이 급속하게 통과되면서 서울대학교는 어떻게 보면 원죄를 안게 된 셈이지요. 여당이 단독 처리한 법안을 가지고 법인화를 준비해야 했으니까요. 야권에서 서울대학교 법인화 문제를 반대하는 것도 절차적으로 정당성을 얻지 못했기 때문이 아니겠어요?"

"여러분들 또한 소외감을 느꼈을 테고요. 그 부분, 누구보다도 제가 깊이 공감합니다. 그러나 집행부의 장은 법이 통과되면, 법을 이행해야 하지 않겠어요? 다만 이행에 대한 책임자로서 저 스스로도 법인화는 필요하다고 판단했습니다. 그래서 저 역시 법인화법이 통과된 후 일일이 야당 의원들을 만나 이야기를 나누고, 다양한 의견을 들었습니다."

"서울대학교의 문제는 서울대학교 집행부가 어떻게 한다고 되는 게 아니고, 국민의 동의를 얻어야 하는 것이나 마찬가지니까요. 그래서 제가 여러분 앞에 이렇게 선 것이랍니다."

학생들은 한동안 내 말을 들으며 가만히 고개를 끄덕였다. 막연하게 총장인 나를, 상업적인 논리에만 치중해서 졸속으로 법인화를 추진하려는 사람으로 인식했던 학생들도, 내가 자신들과 같은 입장에서 법인화 문제를 접했다는 것에 공감하는 눈치였다. 일단 서로 간에 공감대가 형성되자 대화는 한 결 더 편안하게 진행됐다.

한참 이야기를 경청하던 한 학생이 제안했다.

"총장님의 생각과 바람도 잘 알겠습니다. 그리고 무엇보다 서울대학교와 저희들을 위해서 법인화를 추진하고 계시다는 것도요. 저희들의 의견을 충분히 듣고 의견을 모으고 싶어 하신다는 것도 알겠습니다. 그렇다면 저희가 공개토론을 제안해도 되겠습니까? 그게 정말 옳은 길이라면 모두가 지켜보는 가운데 토론에 응해 주실 수 있으시겠습니까?"

한순간 좌중이 모두 조용해졌다. 저마다 내 대답을 기다리는 눈치였다.

나는 대답했다.

"좋아요. 공개토론 제안을 수락하겠습니다."

공개토론과 대화

그렇게 학생 측과 나는 다시 날짜를 잡아 공개토론을 위해 서로 마주앉았다. 학생들은 차례로 준비해 온 질문을 던졌다.

"서울대학교가 법인화되면 무엇보다 등록금이 오르거나, 기초학문 등이 폐지될 게 염려됩니다. 그렇게 되면 학교가 아니라 상업회사와 다를 게 무엇입니까?"

"아프리카의 짐바브웨란 나라도 수도시설을 민영화한 다음 요금이 수십 배로 치솟았다고 합니다. 서울대학교 등록금도, 학생회비도 그렇게 오르는 거 아닌가요?"

나는 찬찬히 질문에 대답했다.

"법인 전환이 되었다고 등록금이 치솟는 일은 절대 없을 것입니다. 아프리카 등의 사례는 극히 특수한 경우에 불과해요. 법인화를 전적으로 민영화 논리로 연결시킬 것도 아니고요. 무엇보다 서울대학교는 특정인이 좌지우지할 수 없어요. 모든 교수와 학생, 국가와 국민 모두가 관리하는 대학이기 때문이에요."

"그래도 저희는 불안합니다. 그렇게 안된다는 보장도 없잖아요."

"학교가 등록금을 올릴 때는 운영비용이 늘어나거나, 학생들을 위한 연구시설 등을 증설할 때, 인상과 관련하여 학생들과 논의할 순 있을 겁니다. 그건 어느 학교나 마찬가지니까요."

"기초학문이 다 없어지지 않겠습니까? 학사 운영에 적자가 나는 학과들도 폐지되고요. 그럼 학생들은 어떻게 됩니까?"

"기초학문을 육성하는 방안은 법인 전환 여부를 떠나 서울대학교의 기본 책무입니다. 법인 전환이 되었다고 소위 '돈이 안되는 학과'를 폐지하거나 지원을 줄인다는 것은 말이 안돼요. 그것은 서울대학교의 정체성을 스스로 버리는 일이 아니겠어요? 어떤 한 사람이 스스로 성장하기 위해 인간이 가진 기본 윤리와 도덕을 저버린다면 어떻게 될까요?"

학생들은 내 이야기를 메모하면서 경청하기도 했고, 걱정스러운 표정으로 지켜보기도 했다.

"가장 중요한 것은 학생 여러분 스스로 서울대학교 법인화 문제와 똑바로 마주하는 것이에요. 외부에서 왈가왈부하는 얘기를 듣고 흔들릴 필요가 없습니다. 여러분은 서울대학교 학생이 아닌지요? 직접 현안을 파악하고, 서울대학교를 위해 판단해 주길 바랍니다. 그래서 무조건 편협한 논리로만 짐작하지 않았으면 좋겠어요. 법인화에 따른 장단점을 먼저 냉철하게 따져 보았으면 합니다."

"좋습니다. 총장님 이하 집행부의 생각은 잘 알겠습니다. 그렇다면 저희들에게도 생각할 시간을 주세요. 우리 안에서도 의견이 나뉘니 자체 토론을 거쳐 입장을 정리하고 싶습니다."

학생들은 막연하게 불안한 마음에, 부정적이고 특수한 사례를 들어 일반화하는 오류에 빠지기도 했지만 무엇보다 대학을 신뢰하고 사랑하는 마음으로 많은 것을 묻고, 또 자신들의 생각을 기탄없이 이야기했다.

나 또한 처음엔 안타까웠지만 많은 논의가 이루어지면서 학생들을 신뢰하게 되었다. 그래서 더더욱 학생들의 자율적인 판단역량을 기대했다.

결국 학생들은 스스로 토론과정을 거친 후에 자체 투표를 거쳐 점거 농성을 해제했다. 게다가 점거 농성 자리를 자발적으로 청소하고 자리를 비우는 아름다운 모습을 보여 주었다. 학생들이 떠난 본부에 들어서니 마치 아무 일도 없었던 것처럼 깨끗하고 평온했다. 점거 농성을 해제하기까지 근 한 달간 우리 간부 교수들 또한 수시로 학생들을 만나 대화를 했다.

그 당시 서울대학교를 졸업하고 보건의로 활동하고 있던 김두현 씨가 〈동아일보〉에 "학생들의 점거 농성은 잘못된 행동이다"라는 취지의 반박기사를 기고하기도 하였다. 나는 직접 그 학생에게 전화를 걸어 자문을 구하기도 했다.

"〈동아일보〉의 기고문을 잘 읽었습니다. 학생운동을 했던 졸업생으로서 진정 서울대학교를 위한 발언을 해주셔서 고맙습니다. 좀 더 자문을 구하고자 합니다."

"총장님, 직접 전화까지 주시고 감사합니다. 학생들이 전후사정을 깊이 숙지하고, 서울대학교와 자신들을 위한 방안을 고민했으면 해서 글을 기고했습니다. 외부의 시선과 부정적인 여론에 편승해서 집단행동을 하는 게 아닌가 싶어서요. 저 역시 학생운동을 했기 때문에 언제 학생들이 뭉쳐야 하고, 일어서야 하는지 잘 압니다. 하지만 이번 건은 아닙니다."

나는 김두현 씨의 이야기를 들으며 몇 번이고 고개를 끄덕이며 공감했다. 또 한편으로는 나 역시도 체제변화에 있어서 불가피한 사태를 풀어 나가는 데 전전긍긍하지 말고 더 큰 공감대를 가지고 원만하게 해결해 나가자고 보직자분들에게 당부했다.

서울대학교는 2012년 1월, 마침내 국립대학 법인으로 출범했다.

법인화 과정에서 얻은 교훈

법인전환이 된 2012년 여름, 학생회가 2차로 서울대학교 본부를 점거할 예정이라는 소문이 들려왔다.

그 소문을 접한 집행부는 점거 대응 준비에 최선을 다했다. 나 역시 충분히 대화를 나누었다고 생각했는데, 아직 미진한 부분이 있었는지 꼼꼼히 점검하며 학생들과 대화를 나누었다.

혹시라도 있을지 모르는 점거를 막기 위해서 교직원들 또한 힘을 모아 학생들을 만났다. 일일이 학생들의 질문에 현 상황을 짚어 가며 설명해 주었다.

"법인화가 된 지 6개월이 되었는데 뭐가 바뀌었습니까?"

조바심을 내는 학생들도 많았다.

"법인화가 되었다고 하루아침에 학교가 바뀌는 것은 아닙니다. 지금은 도약할 수 있는 주춧돌을 쌓는 과정이에요. 우리가 힘을 모아서 만들어 가야 하지요."

"아무래도 걱정이 돼서 안될 것 같습니다."

"걱정이 된다면 직접 진행 상황을 살펴가며 조치하면 되지 않을까요? 모든 과정에 대해 더 많이 관심을 기울여 주세요. 외부적인 시선과 우려에 연연할 게 아니라 우리 스스로 일구어 나가야 합니다."

그때부터 각 대학 학장님들, 학생 부학장님들까지 발 벗고 나서서 점거에 참여하려고 했던 학생들을 만나 충분히 이해를 구하고 많은 이야기를 나누었다. 법인화가 각 대학에 가져온 변화와 구상, 그리고 개선해야 할 점까지 직접 학생들에게 확인시켜 주고, 발전적인 의견을 먼저 구했다.

또한 점거 농성이 재발했을 때를 대비해 제반 상황에 대한 대처방안을 논의하고 미리 준비해 두었다. 덕분에 학생총회는 성사되지 않았고, 다행히 2차 점거는 이루어지지 않았다.

그 당시 학생회장으로부터 2차 점거를 예고하는 메시지를 전해 들은 정철영 학생처장은 그에 대비한 사전작업에 온힘을 기울이다가 신경쇠약까지 걸렸다. 한번은 새벽에 귀가하다가 경부고속도로에서 사고가 나서 생사고비를 넘긴 위기의 순간도 있었다.

“뭐라고요? 학생들 안전도 중요하지만, 처장님 안전도 중요하지요. 몸 좀 챙겨가면서 일하세요.”

깜짝 놀란 나는 학생처에 즉시 최소한도의 공직수행과 관련된 업무용 차량 배치를 지시했다. 내게는 학생들도 소중하지만 학교 정상화를 위해 살신성인의 노력을 기울이는 간부들 또한 더없이 소중한 분들이기 때문이었다.

“아닙니다. 총장님, 저는 괜찮습니다. 제가 2차 점거사태가 발생하면 제 스스로 사임하겠다고 공언했기 때문에 책임을 지고 싶었어요. 어떻게든 2차 점거가 이루어지지 않도록 학생들을 더 만나고 다니겠습니다.”

하지만 당시 한 학생이 서울대학교 정문 위에 사흘 동안 올라가 있는 일이 발생했다. 법인화를 철회하라며 1인 시위를 했던 것이다. 학생처장 또한 열일을 제쳐 두고 현장으로 쫓아가서 현장에서 함께 사흘 낮밤을 꼬박 지새웠다.

“제발 좀 내려오렴. 너 그러다가 다치면 어쩌려고 그러니?”

"그러면 법인화를 철회해 주세요. 그렇지 않으면 안 내려가요!"

아무리 설득해도 내려오지 않았다. 학생의 부모님을 만났지만 묵묵부답이었다. 집행부는 만약에 생길 사태에 대비해 보라매 병원 의사들을 모시고 와서 농성 중인 정문 밑에서 대기했다. 그러면서도 끊임없이 대화를 시도했다.

"우리 좀 더 얘기를 해보자꾸나. 법인화 문제는 네가 매스컴이나 인터넷 게시판에서 접한 내용이 전부가 아니야. 직접 관련 문서나 진행 상황을 검토해 보면서 같이 생각해 보자꾸나."

결국 정문 위로 사다리를 올렸고, 그 학생은 안전하게 내려올 수 있었다. 이후로 나를 비롯한 교직원들은 마냥 본부에 있을 게 아니라 캠퍼스에서, 강의실에서 좀 더 학생들을 만나야겠다는 생각을 했다. 더 적극적으로 교정을 오가며 학생들을 만난 것은 물론이다.

그렇게 서울대학교 법인화 전환 과정에 진통은 있었지만 무사히 안착할 수 있었다. 그 과정에서 힘을 모아주신 모든 간부 교수님들과 교직원 여러분, 무엇보다 적극적인 지지와 반대의견을 보태며 마침내 서울대학교 자율화를 인정해 준 우리 학생들에게 더없이 고마운 마음을 전한다.

상대방을 중심으로 생각하고 이해

소통의 기본은 나를 중심으로 생각하지 않고, 상대방을 중심으로 생각하고 이해하는 것이다.

사람의 인식과 판단능력에는 한계가 있기 때문에 언제든지 내가 오판할 수도 있다. 상대방 역시 반대하는 데 따른 논리가 있고, 그것을 뒷받침하는 사실과 정보가 있기 마련이다.

그렇기 때문에 상대방이 왜 그러한 입장을 취하게 되었는지, 그리고 어떤 것을 원하는지 충분히 숙지하고 존중하는 일이 선행되어야 한다. 가만히 생각해 보면 겉으로 표현되는 말이 다를 뿐, 우리는 모두 공통분모를 가지고 있을 때가 많다.

어떤 일에 대해 누군가 반대할 때는 여러 이유가 있다. 이념적인 것 때문에 반대할 수도 있고, 단순히 자신의 실리 때문에 반대하는 경우도 있다. 또한 정보가 부족해서 불안한 마음이 들어 반대하는 경우도 있다.

결국 가장 중요한 것은 서로의 입장 차이를 명확히 인식하되 충분히 소통하고 접점을 찾아 나가는 일이다. 그러기 위해서는 내 생각만 주장하고 통보할 게 아니라 먼저 상대방의 이야기를 듣고 깊이 이해할 수 있어야 한다. 그러고 나면 최선의 해결책이 떠오를 때가 많다.

그렇지 않고 내 생각만 관철시키려다 보면 일이 더 커지고 어긋난다. 상대방 또한 조금의 양보도 없이 더 크게 반대하게 되면서 서로 갈등의 골이 깊어지고 관계마저 틀어진다. 결국 둘 다 상처를 입고 공동체도 큰 피해를 입는다.

나를 이해해 달라고 하기 전에 상대방을 이해하려고 노력하면, 상대방 또한 내 어려운 부분을 이해해 줄 수 있는 것이다. 바로 그것이 소통의 기본이자 전부다.

나는 점거사태를 겪으면서 책상머리에 "나를 보호해 주는 수호천사가 있듯이, 나의 반대자에게도 그를 지지하는 수호천사가 있다."는 성서구절을 꽂아 두기도 했다.

첨언하자면 소통하면서도 늘 고마워할 줄 알아야 한다. 설사 상대방이 나를 싫어하고 반대해도 마찬가지다. 소통을 하면서 내 이야기를 들어주는 자체가 고맙고 조금이라도 고개를 끄덕여 주면서 반대의 강도를 조금만 줄여 주어도 고마운 것이요, 입장은 달라도 우리 공동체를 위해 고민해 준다는 자체가 고마운 것이다.

바로 나만이 주인공이 아니라 상대방도 주인공이라는 점을 잊지 말아야 한다. 우리는 한 배에 타고 있고, 방향키를 함께 쥐고 있는 셈이다. 나는 오른쪽으로, 상대방은 왼쪽으로 가려고 키를 당기다 보면 결국 배는 그 어느 곳으로도 나아갈 수 없다. 바로 앞에 암초가 있다고 해도 마찬가지다.

때로는 상대방이 원하는 쪽으로 뱃머리를 틀어 충분히 그 길을 느끼고 배우다 보면, 상대방 또한 어느 순간 다른 쪽이 궁금해지고 끌려서 슬그머니 방향키를 내게 건넨다. 그러다 보면 나와 상대방은 양쪽을 다 겪어 보았으니 흔들림 없이 더 안전하고 빠르게 배를 운행할 수 있다.

무엇보다 서로에게 신뢰를 심어 주는 것이 필요하다. 당사자의 의견을 묻고 들어야 한다. 그렇지 않고 반대편이라고 무조건 무시하고, 직접 생각을 나누지 않은 상태에서 외부인에게, 제 3자에게 왜곡된 생각을 전해 듣고 판단하다 보면 관계는 더 멀어질 수밖에 없다. 그것은 상대방에 대한 예의가 아니다.

또한 한 번 대화한다고 결론이 나는 것이 아니므로 두 번, 세 번 끊임없이 대화를 나눠야 한다. 대화가 끝난 다음에도 지속적으로 감사의 뜻을 표하고, 상대방이 염려하고 있는 부분에 대해 수시로 답변을 해 주어야 한다.

이것은 함께 예술작품을 조각해 나가는 것과 같다. 내가 한 번 돌을 두드리면, 상대방도 한 번 두드리고, 서로 생각하는 조각상에 대해 의견을 나누면서 의견을 조율해야 한다. 그래야 더 아름다운 조각품이 나오지 않겠는가?

그러다보면 어느새 서로 친구가, 동지가 되어 있는 것을 발견할 수 있을 것이다. 그리스 신화에 나오는 피그말리온의 여인상처럼, 함께 조각한 예술품 또한 스스로 생명력을 얻어 두 사람의 마음에 화답할 것이다.

이것이 바로 소통의 마법이다.

“이 세상에 태어나 만수유(滿手有)하였으니 공수거(空手去)하리라(손에 가득 쥐어봤으니 비우고 떠나라)”는 진정한 ‘노블레스 오블리주 정신’을 실천해 나가는 기부자들의 이야기를 담고자 한다.

노블레스 오블리주: 아름다운 사람들

자신의 전부를 내어 주신 분들

나는 총장 재임 4년 임기 동안 많은 훌륭한 분들의 도움으로 5천 억 원 이상의 서울대학교 발전기금을 조성할 수 있었다.

사실 재임 초기에 정기적으로 들어오는 예산만으로 학교를 운영하기에는 턱없이 부족했기에 발전기금을 5천 억 원 정도 조성하겠노라고 마음먹었었다. 하지만 재임 후 처음 1년 정도는 생각보다 모금이 잘되지 않아서 잠 못 이루는 날이 많았다.

그러나 나의 이러한 고충을 이해한 간부 교수들이 솔선수범하여 기부금에 동참해 주시면서 계획했던 발전기금 모금은 탄력을 받기 시작했다.

학교 살림을 맡은 사람으로서 책임을 다하려면 발전기금이 더 많이 탄탄하게 조성되어야 대학에 보다 나은 혜택이 돌아가고, 나아가 서울대학교의 발전을 이룰 수 있기에 특별히 더 신경을 썼어야 했다.

다행히 많은 분들이 그 뜻에 동참하여 지극한 정성으로 발전기금을 후원해 주시고 아낌없는 성원을 보내 주셔서 어떻게 그 감사함을 다 표해야 할지, 그저 감사드릴 따름이다.

여기에 그분들 중 신축을 위해 600억 원을 출연해 주신 이종환 회장님, 법과대학 첨단 강의동을 신축하고, 도서관을 지원해 주신 한화그룹의 김승연 회장님, 중앙도서관 시설환경개선기금을 기부해 주신 한국정보통신의 조천식 선생님과 (주)두성테크의 양두석 선생님, 그리고 고(故) 정영호 · 박양숙 님을 비롯하여, 개발도상국 글로벌 교육협력기금을 조성해 주신 (주)동진쎄미켐의 이부섭 회장님, 전(前) 동아대학교 산업공학과 교수이신 고(故) 유희진 님 등 너무나 많은 분들께서 도와주셨다. 이 자리를 빌려 그 고마운 분들께 다시 한 번 감사의 말씀을 드린다. 이야기를 담아서 조금이나마 서울대학교 총장으로서 다시 한 번 고마움을 전하고 싶다. 모든 분들의 이야기를 일일이 다 싣지 못한 게 못내 아쉽고 죄송스러울 따름이다.

관정 이종환 회장

국제사회의 인재로
발돋움하기를 바라며…

우선 "이 세상에 태어나 만수유(滿手有)하였으니 공수거(空手去)하리라(손에 가득 쥐어봤으니 비우고 떠나라)"는 말씀을 하시며, 진정한 '노블레스 오블리주 정신'을 실천해 나가시는 이종환 회장님의 이야기를 하고자 한다.

관정 이종환 회장님께서는 도서관 신관(제2도서관) 신축을 위해 600억 원을 쾌척해 주신 분이다.

서울대학교 도서관이 지어진 때가 1976년으로 벌써 40년 가까이 지났으니 시설이 매우 열악하고 낙후되었음은 두말할 필요도 없다. 하지만 국고의 지원을 받아서는 새로운 도서관을 건설할 수가 없었다. 정부 입장에서도 전국적으로 관리하는 국립도서관과 국립대도서관이 많기 때문에 서울대학교만 새로 도서관을 지어줄 수가 없기 때문이었다.

그러나 서울대학교 구성원들이 더 좋은 환경에서 연구하고 공부할 수 있게 하기 위해서는 무엇보다 도서관을 새로 짓는 작업이 꼭 필요하다고 생각했다. 그러기 위해서는 발전기금을 통해서 자체적으로 도서관을 신축해야겠다는 구상을 하게 되었다.

나는 백방으로 뛰어다니며 서울대학교 도서관 건립의 필요성을 알렸지만 선뜻 나서는 사람이 없었다. 그러다가 우연한 기회에 박지향 도서관장을 통해 관정 이종환 선생님께서 서울대학교의 도서관 건립에 관심이 있다는 이야기를 전해 듣고 혜화동 자택으로 관정 선생님을 찾아뵈었다.

관정 선생님께서는 국내 최대의 교육장학재단을 설립하여 지금껏 외국으로 유학 가는 학생들에게 많은 장학금을 지급해 오셨는데, 그 장학금의 혜택을 받은 학생들의 반 이상이 서울대학교 출신이었다.

"오래 전부터 서울대학교 학생들을 위해 장학금까지 지급해 주셔서 감사합니다."

나는 고마움을 표현하기 위해 감사패를 만들어 회장님께 전달했다. 관정 회장님께서 먼저 도서관 신축이 긴요하다는 이야기를 들었다면서 말문을 열어 주셨다.

"저야 더 좋은 일을 할 수 있다면, 오히려 감사한 일이지요. 그래서 서울대학교 학생들이 더 좋은 환경에서 공부할 수 있다면 그것으로 족합니다. 부디 좋은 도서관을 지어서 교수님들과 학생들이 더 깊이 연구에 매진하여 국내 최고의 인재들이 국제사회의 인재로 발돋움할 수 있도록 신경 써 주세요."

당초에 도서관을 위한 모금계획을 구체적으로 세운 것은 아니었다. 하지만 관정 선생님께서는 면담 30분이 지나자마자 6백억 원을 지원해 주시겠다고 흔쾌히 약속해 주셨다.

"네? 6백억 원이라고요?"

모두가 깜짝 놀라서 몇 번이고 선생님께 되물었다.

"정말이십니까?"

관정도서관 신축 기공식(2013. 5. 29)

차마 관정 선생님의 얼굴을 마주 볼 수 없어 우리들은 고개를 숙인 채 거푸 감사인사를 드렸다.

나는 차마 그 어마어마한 금액이 믿기지 않아 공손하게 말씀을 드렸다.

"선생님, 총장으로서 정말 어떻게 감사함을 표해야 할지 모르겠습니다. 하지만 다시 한 번 생각해 주셨으면 합니다. 저희를 위한 크신 마음은 충분히 알겠고, 그 자체로 너무 감사드립니다. 이 기적 같은 일 앞에 저희들도 어찌해야 할 바를 모르겠습니다. 그래서 다시 한 번 엄중하게 생각해 주셨으면 하는 것입니다. 이 자리에서 결정하시기보다 두고두고 검토해 보시고 나중에 다시 결정해 주셔도 괜찮습니다."

나는 정중히 관정 선생님께 말씀드렸다. 그리고 애써 흥분을 가라앉히고 회장님 댁을 나왔다. 함께 간 간부 교수들과 교직원들도 저마다 상기된 얼굴로 깊이 인사를 드리고 나왔다.

"지금껏 서울대학교 학생들을 위해 애써 주신 것도 대단한데, 이렇게 또 발전기금을 지원해 주시다니요. 정말 감개무량하네요."

교직원들도 반신반의하며 서울대학교로 돌아왔다.

관정 회장님을 면담하고 나온 당일 학교에서 점심을 먹고 있는데 갑자기 직원 한사람이 "관정 선생님께서 직접 서울대학교를 찾아오셨다."고 황급히 메시지를 전해 왔다. 제2도서관이 지어질 자리로 어느 위치가 좋을지 직접 측량을 하러 오신 것이었다.

식사 중에 그 소식을 전해 들은 나는 또 한 번 깜짝 놀라서 식사를 하다말고 뛰쳐나갔다.

"회장님, 어떻게 결심을 하자마자 오셨나요? 정말 너무 감사드립니다. 대단하십니다. 어떻게 이 고마움을 표현해야 할지……"

"아닙니다, 총장. 저는 한 번 말한 것은 반드시 지킵니다. 제 스스로 힘들게 이 자리까지 왔기에, 고생한 만큼 더 보람 있는 일을 하고 싶습니다. 우리 학생들에게는 조금이라도 더 좋은 환경에서 공부할 수 있도록 하고 싶은 게 저의 심정입니다. 자! 어느 자리에 도서관을 신축하면 좋을지 한번 볼까요?"

나는 아무 대답도 못하고 거푸 고개를 숙였다. 결국 그분의 숭고한 뜻에 따라 지금 이 시간에도 도서관 신축공사가 한창이다.

지금까지 발전기금을 모금하면서 가장 기억에 남는 분이었다. 나는 앞으로 지어질 제2도서관은 21세기형으로 과거의 전통적인 도서관과는 다른 광장형, 토론형 형태의 지식소통 문화공간이 될 것으로 믿어 의심치 않는다. 과거와 같이 책을 빌려 읽는 도서관이 아니라, 함께 토론하고 발표하고 결론을 내리고 또 비판하면서 지역주민, 전공이 다른 전공자들 간의 지적 만남의 교류 장소가 될 것이다.

그렇게 지적 공동체의 광장으로 만들어서 IT기술과 접목시키면 더 큰 시너지 효과가 나타날 것으로 기대한다.

지식을 서로 창출해 내고 교환하고 상호간에 전달하는 체제가 되고 기반교육과 융합교육을 강화하기 위한 하나의 시스템으로 만들어 나가는 것이 이종환 회장님의 '노블레스 오블리주' 정신을 제대로 받들고 실천하는 길이라 생각한다.

나는 그분에게 소중한 것들을 배웠다. '더 감사해야겠구나, 더 고마워하며 살아야겠구나, 조금도 나태해선 안 되겠구나, 더 노력하고 더 열심히 살아야겠구나.' 몇 번이고 나는 속으로 다짐했다.

김승연 회장

인재 양성과
장서 확충을 위하여

한화그룹의 김승연 회장이 법학전문대학원의 첨단 강의동을 신축하게 한 신속한 결단도 기억에 남는다.

2011년 말 후반기 김승연 회장께서 서울대학교에 기여하고 싶다는 전갈이 있었기에 즉각 면담기회를 가졌다.

때마침 법과대학이 법학전문대학원으로 체제 전환한 상태여서 "강의실이 턱없이 부족하여 어려움이 많습니다. 그래서 당장 강의실 확충이 매우 절실합니다."라며 말씀드렸더니 그 자리에서 바로 법학전문대학원 강의동 신축을 위한 기금 50억 원을 약속해 주셨다.

당시 정종섭 학장에게 그 뜻을 전하였고, 예정보다 빨리 신축공사가 진행되어 2013년 말 공사가 완결되었다. 공사 당시 한화건설 사장이 직접 현장에서 공사를 지휘하는 모습을 보면서 김 회장의 신축공사에 대한 열의와 서울대에 대한 남다른 애정을 읽을 수 있었다.

서울대학교에 대한 김 회장의 기부는 그때가 처음이 아니었다. 김 회장은 지난 1990년대 초반 낙후된 중앙도서관의 장서 확충을 위해 250억 원을 기부함으로써 도서관의 장서 공급 역량을 획기적으로 확장시켜 학술 발전에 크게 기여해 오고 있다.

김 회장의 도서관에 대한 애정은 이에 그치지 않았다. 치솟는 환율로 외국문헌을 구입하기 힘들다는 도서관장의 고충을 접하면서 외국저널 구입을 위해 즉석에서 2003년부터 연간 5억 원씩 3년간 총 15억 원을 쾌척하고 장학기금 등 인재 양성을 위해서도 꾸준히 기부를 실천해 왔다.

그뿐 아니라 한화그룹은 2014년 6월 11일 서울대학교의 숙원사업이던 '서울대학교 역사기록관' 신축을 위해 소요되는 총 100억 원의 예산 중 50억 원(나머지 50억 원 동창회 기금)을 서정화 총동창회장님의 결단으로 서울대학교에 기부하기로 약정하였다.

이중근 회장

사회적 책무를
다하기 위하여

글로벌사회공헌센터에 100억 원을 기부해 주신 부영그룹의 이중근 회장님도 잊을 수 없다.

이중근 회장님은 처음에 발전기금 모금을 위해 만난 것이 아니었다. 회장님께서 여러 가지로 훌륭한 사회활동을 하고 계시다고 해서 아는 교수님을 통해 만나 뵙게 되었다. 사회활동과 관련하여 많은 조언을 듣고 싶었고, 또 많은 것들을 배우고 싶었다.

"회장님, 어떻게 하면 서울대학교가 사회적 책임을 다할 수 있을까요? 지금까지 사회공헌을 해오신 회장님께 조언을 구하고 싶습니다."

이중근 회장님은 그 이야기를 듣고 껄껄 웃으셨다.

"제가 뭐 한 게 있다고요. 그저 국민들이 저희 그룹을 믿어주신 만큼 돌려드리고 싶을 따름이지요."

"국내외의 사회공헌 활동이 더 활성화되기 위해서는 그것들을 뒷받침할 제도와 시스템이 필요할 텐데요. 오로지 진심을 가지고 사회공헌을 추진하시는 회장님의 열정과 노고가 정말 대단하십니다."

"별말씀을요. 그러고 보니 저뿐 아니라 더 많은 사람들이 사회공헌에 참여하게 하기 위해서는 그것을 위한 시스템이 더 활성화되어야 하겠군요. 총장님께서 신경 좀 써 주실래요? 제가 글로벌 공헌센터에 100억 원을 기부해 드리겠습니다."

"네? 정말이십니까? 정말 국내외의 사회공헌을 위한 회장님의 마음이 어느 정도인지 가늠이 안 되네요. 제가 어떻게 그 뜻을 잘 받들 수 있을지 모르겠습니다."

나는 또 한 번 깊이 고개를 숙였다.

머지않아 우정 글로벌공헌센터가 우리 주변의 이웃들과 여러 나라들에게 진정한 사회공헌을 통해서 대한민국의 가치를, 또 인간의 존재가치를 보다 더 높일 수 있는 노력을 서울대 구성원들이 함께 할 수 있다는 생각을 하니 벌써부터 가슴이 설레인다.

글로벌 사회공헌센터 준공기증식(2013. 6. 19)

나는 우리들이 공동체를 위하는 공헌정신으로 무장할 때 서울대학교가 가지고 있는 존재가치는 더욱 빛을 발휘할 수 있다고 생각하며, 그것이 바로 사회적 책무가 아닐까 한다.

박용현 회장

참된 인재와 진정한 세계인 양성을 위하여

두산 박용현 회장님은 두산 인문관 재건축을 위해 50억 원을 기부해 주셨다. 내가 따로 모금활동을 하지 않았는데도, 회장님께서 직접 나서서 재건축을 진두지휘해 주신 것이다.

"이렇게 먼저 재건축을 위해 힘써 주셔서 어떻게 감사의 말씀을 드려야 할지 모르겠습니다." 감사 인사를 드리자 박용현 회장님은 손을 저으셨다.

두산 인문관 준공식에서 박용현 두산그룹 회장께 감사패를 증정하고 있다.

두산 인문관 조감도

"아닙니다. 선대 회장님께서 지으신 강의동이 낙후되어 가니 당연히 제가 재건축을 도와드려야지요. 그것이 곧 인문학적인 인재를 더 키워 내고자 하셨던 선대 회장님의 뜻을 받들어 이어가는 길이고요."

"부디 이곳에서 공부하는 학생들이, 인문정신에 투철하게, 대한민국을 건강하고 아름답게 젊어지고 갈 수 있게 해주세요."

일 년도 채 걸리지 않고 준공된 두산인문관은 우리 사회가 필요로 하는 참된 인재와 진정한 세계인 양성이라는 건립 취지에 맞게 강의실과 연구실, 세미나실, 공연장 등 교육과 연구 공간으로 다양하게 활용되고 있다.

인재강국, 부강한 국가건설이라는 기업이념으로 두산그룹을 창업한 박두병 초대회장님의 유지를 받들어 재건축 건립의 결단을 해주신 박용현 회장님께 다시 한 번 깊은 감사의 말씀을 드리고 싶다.

이순자 여사

나눔의 새로운 한류 되길

이순자 여사님은 아웅산 사건 때 순직하신 김재익 전 청와대 경제수석비서관의 사모님이다. 당시, 매스컴에도 많이 보도되었지만, 이순자 여사께서는 남편을 먼저 떠나보내고 지금껏 단신으로 자녀 둘을 키워 내신 분이다.

그런데 어느 날 그분께서 가지고 계신 전 재산을 서울대학교에 헌정해 주시겠다고 의사를 전달해 오셨다.

"여사님, 어떻게 이런 결정을 해주셨나요? 뭐라 표현할 수 없을 만큼 감사드립니다."

"별말씀을요. 저희 부부 모두 어려웠던 시절 '포드 장학금'으로 공부할 수 있었어요. 과거 선진국의 원조를 받은 만큼 발전한 우리나라도 어려운 나라를 돕는 것이 선의를 갚는 일이라 생각했습니다. 부디

(고)김재익 수석의 부인이신 이순자 여사와 함께 협약서에 서명하고 있다(2010. 12. 29).

이 장학금으로 경쟁력을 갖춘 이들이 꼭 고국으로 돌아가 국제사회에서 활약하는 요인이 되길 바래요."

"남편은 미국에서 경제학 박사과정을 마친 후 미국에 남을 수도 있었지만 고국에 돌아와야 한다는 사명감이 있었어요. 지금의 발전은 곧 70~80년대 비전을 가진 이들의 노력이 바탕이 되었고요. 이제 우리나라도 개발도상국에 그 기회를 나눠야 해요."

이순자 여사가 발전기금을 기부하시면서 당부하신대로 '김재익 장학기금'의 수여 대상은 동남아시아와 아프리카 등 제3세계 개발도상국의 정부 및 공공기관에 근무하는 공무원들로 한정되어 있다. 덕분에 지금 몽골이나 동남아시아에서 온 학생들 4명이 서울대학교에서 공부를 하고 있고, 앞으로도 많은 유학생들이 서울대학교를 찾을 예정이다.

이 여사는 장학금 수혜자가 꼭 고국을 위해 일해야 한다는 점을 강조하셨다. 우리나라의 원조를 받고 성장한 인재는, 우리나라에 우호적일 수밖에 없고, 이들이 학업을 마치고 각 나라로 돌아가 국제사회에서 활약한다면 양국 간 우호증진을 통해 우리에게는 더없이 든든한 동반자가 될 것이기 때문이다.

부디 '김재익 장학기금'을 통해 우수한 지적 네트워크가 형성되고, 이들이 각 나라를 대표해 정책결정자가 되고, 국제사회에서 권위를 떨칠 때 국익과 연계되는 신 한류바람이 일게 될 것을 기대한다.

정재훈 박사

정영호 교수의
유지를 받들어

2013년 말 도서관 신축을 위해 추가시설이 필요해서 모금활동이 이루어졌는데 서울대학교 미생물학과 출신인 정재훈 박사님(전 카이스트 교수)이 박지향 도서관장에게 연락을 해오셨다.

"도서관 시설을 위해서 써주세요."

정재훈 박사님은 선뜻 3억 원을 보내 오셨다. 정재훈 박사님은 진작부터 알던 분이라 더 고마웠다. 바로 내가 문리과대학에 다닐 때의·치예학부장을 맡으셨던 고(故)정영호 식물학과 교수님의 아드님이자 내 친구의 동생이기도 했던 분이기 때문이다.

나는 너무 감동스럽고, 또 감사인사를 드리기 위해 정박사에게 연락해서 총장 공관에서 오찬을 하기로 하고, 그 자리에 정재훈 박사님의 어머님을 모시기로 했다.

"어머님까지 친히 참석해 주셔서 감사드립니다. 3억 원을 흔쾌히 발전기금으로 내준 정재훈 박사님, 너무 고맙습니다."

"아닙니다. 서울대학교를 사랑하는 사람이자, 서울대학교 사람으로서 응당 해야 하는 일인데, 오히려 너무 적은 돈이 아닌지 미안할 뿐입니다."

어머님과 정박사께서는 오찬을 하면서 내게 많은 궁금한 것들을 물어보셨다. 나는 발전기금의 쓰임에 대해 관심을 가져주시는 게 또 고마워서 자세히 설명을 해드렸다.

"정재훈 박사님 덕분에 학생들이 신축 도서관에서 더 열심히 미래를 꿈꿀 수 있게 되었습니다. 도서관은 서울대학교의 상징적인 공간이기도 하지요. 모든 지식과 연구 성과가 집적되어 있는 곳이기도 하고요."

"그렇다면 3억 원이 문제인가요? 아들인 정 박사의 뜻뿐 아니라 하늘에서 지켜보시는 정영호 교수님의 뜻을 받들어 제가 추가적으로 학교 발전을 위해 고민해 보겠습니다."

나는 그 후로 정 박사님 어머님께 발전기금을 추가적으로 내시는 것을 기대하지도 않았고, 말씀드리지도 않았다. 그런데 명절이 지난 어느 날 정 박사님께서 서울대학교를 위해 전 재산을 기부하기로 하신 어머님의 용단을 전화로 알려 주셨다. 한동안 나는 아무 말도 잇지 못했다. 그저 존경스러울 따름이었다.

"전 재산을 모으면 100억여 원 정도 될까요? 부족하지만 이것으로 우리 학생들을, 그리고 서울대학교의 발전과 미래를 위해 사용해 주세요."

처음에는 3억 원을 기부해 주신 정재훈 박사님에게 조금이나마 보답하기 위해 감사의 자리를 마련한 것인데, 그 자리가 계기가 되어 어머님께서 돌아가신 남편의 유지를 받들기 위해 전 재산인 100억 원을 추가로 더 기부해 주신 것이다.

이렇게 모인 발전기금은 결코 서울대학교 지도부의 노력만큼이 아닌, 서울대학교를 위해 기부해 주신 분들의 숭고한 뜻의 크기만큼 모였다고 해도 과언이 아닐 것이다.

한편으로는 그 크신 기대에 부응하기 위해서라도 서울대학교가 더욱더 훌륭한 인재를 양성하고, 사회적 가치 창조에 매진할 수 있게 갑절의 노력을 기울여야겠다는 생각도 든다. 발전기금을 기부해 주신 뜻과 정신을 받들기 위해서는 학생들의 복지 증진과 시설 마련, 장학금 지원에 더욱 신경 써야 할 것이다.

나는 직접 찾아가서 발전기금을 기부해 달라고 한 적이 없다. 그 까닭은 발전기금은 돈이기 이전에 마음이기 때문이다. 다시 말해서 가진 것이 많아야 할 수 있는 것이 기부가 아니라, 내가 가지고 있는 것을 비로소 나눌 수 있을 때 가능한 것이 바로 기부라고 생각하기 때문이다.

학부교육을 내실화해서 글로벌 리더십을 갖춘 참일꾼을 양성하는 데 주력하고 학문적 가치 창조의 중심축으로 자리잡을 때 비로소 서울대학교가 미래 중심에 설 수 있을 것이라고 생각한다.

대학의 사회적 책무를 향한 노력

서울대 미래 교육 대계를 전망하며

지금까지 우리의 교육은 개발도상국가에서 선진국으로 다가서는 단계에 이르기까지 우리 인적 자원을 양성하는 데 초점이 맞춰졌다고 생각한다. 그러나 미래 교육은 우리가 선진국 진입을 앞두고 어떠한 역할을 해야 하는 것인지의 문제로, 소위 한 단계 격상되어야 한다고 생각한다.

그동안은 선진국에서 열심히 배워서 그것을 쫓아 우리의 학문적·경제적 성과를 만들어야 했다.

하지만 앞으로의 미래 교육은 '우리가 선진국으로 들어서서 어떻게 하면 선진국으로서의 역할을 제대로 할 것인가?'를 주제로 더 차원 높은 교육이 이루어져야 하지 않을까?

여기서 가장 중요한 것은 이제는 소위 팔로우(follow)하는 것이 아니라 우리가 가치를 만들어 내야 한다는 것이다. 즉 '가치창조'를 말하는 것으로, 가치를 배워서 따라가고 습득하는 것이 아니라 스스로 가치를 만들어 내야 한다는 뜻이다.

그러려면 우선 학부 교육, 대학원 교육, 교수 요원 양성 시스템이 체계적으로 이루어져야 한다. 이를 위해서는 학부 교육이 기반 교육으로서 더 심화되어야 하고 그것이 대학원 교육으로 바로 연결될 수 있어야 할 것이다.

다시 말하면 학부 교육을 내실화해서 글로벌 리더십을 갖춘 참일꾼을 양성하는 데 주력하고 학문적 가치 창조의 중심축으로 자리잡을 때 비로소 서울대학교가 미래 중심에 설 수 있을 것이라고 생각한다.

차세대 학문선도자와 글로벌 인재를 찾아서

우리는 기존에 부여된 서울대 인재형의 유형을 새롭게 인식해야 할 필요가 있다. 왜냐하면 지금까지 서울대인은 '자기중심적'이라고 비판받아 왔기 때문이다. 그러므로 '지식을 통한 가치창조가 왜 필요하고 명예로운 것인가?'를 알고 국가발전에 기여할 수 있는 노력을 기울여야 하지 않을까 한다.

그렇게 함으로써 '지식의 힘'이 '지혜의 힘'으로 연결될 수 있도록 노력해야 하며 국민으로부터 사랑받는 서울대로 나아가기 위해 다양성을 존중하고, 겸손과 배려를 통해 나눌 줄 아는 인재를 길러 내야 한다고 생각한다.

서울대학교는 지금껏 차세대학문을 선도해 나갈 우수 인재를 조기 선발하는 데 핵심적인 노력을 기울이며, 다양한 지원 프로그램을 운영하여 교육의 질을 제고하는 데 힘을 모아 왔다.

다양한 분야에서 글로벌 핵심인재로 성장할 우수한 대학원생을 유치하기 위해서도 많은 노력을 기울여 왔다. 그 일환으로 해외대학과 네트워크를 구축하여 적극적인 홍보와 함께 장학지원을 확대하는 등 교육에 필요한 지원을 아끼지 않아 왔다.

또한 글로벌 사회공헌활동의 중요성을 인식하고 개발도상국의 고등교육인력 양성과 대학 간 교류를 위해 'SNU President Fellowship'을 시행하여, 개발도상국 유수의 대학 우수교수들 중 박사학위 미소지자를 선발하여 서울대학교 박사학위과정 수학을 지원해 주고 있다.

언젠가 지인이 '차세대 신진학자 초빙사업' 추진에 대하여 국내 유망학자도 많은데 굳이 해외에서 찾는 이유를 내게 물어왔다. 그 질문에 나는 "세계 중심권 대학으로 도약하기 위한 기반을 마련하려면 실력 있는 세계 각국의 유망 신진학자를 임용하여, 우리 학생들에게 폭넓고 다양한 학문을 접할 수 있는 기회를 마련해 주어야 한다."고 대답했다.

아직은 초기 단계에 불과하지만 해외학자들이 동아시아의 끝에 있는 우리나라를 찾아와 본교에 정착하여 서울대의 학문적 역량을 확대하고 글로벌 선도연구중심 대학으로 나아가는 데 기여한다는 사실만으로도 그것이 의미하는 바가 크다고 본다. 일부 교수들은 이런 분야에 재원을 투입하기보다는 현직 교수들의 복지를 향상시키는 것이 낫다는 비판을 하기도 하지만, 이러한 글로벌 역량강화 프로그램은 서울대학교에 고유한 예산항목으로 편성된 것이라는 점을 감안해야 한다.

제도 개선과 비전 수립

대학은 항상 사회의 새로운 수요 발생에 대비할 수 있는 미래 교육의 틀을 형성해야 한다고 생각했다.

미래교육기획위원회를 출범시킨 것도 이러한 이유에서였으며, 교육의 미래상을 구현하기 위해 제도 개선에 착수하게 되었다.

또한 학부교육이 탐구와 연구를 바탕으로 한, 심층교육이 이루어질 수 있어야 한다고 생각했다. 그래서 무엇보다도 그것이 자연스럽게 대학원 교육으로 연계되기를 바랐다.

새로운 창조적 가치를 만드는 것이 '연구'이고, 그것을 잘 전달하는 것이 '교육'이다. 그러므로 교육과 연구는 따로 떼어놓을 수 없는 불가분의 관계라고 할 수 있지 않을까?

연구가 중요하다고 생각하는 이유는, 교육은 훌륭한 연구 성과를 바탕으로 이루어진다고 보기 때문이다. 교수들은 연구결과를 학생들에게 바로 전달하여 교육하기 때문에 교육과 연구는 함께 가는 것이라고 생각한다.

그러므로 학부와 대학원 교육의 질적 수준을 높이기 위하여 교수의 교육 역량 강화 프로그램과 학부 교육 혁신 프로그램, 강의 평가의 활용 방안 등을 추진하여 교육의 질을 제고하고 제도를 개선해 보려고 나름대로 많은 고민을 해 왔다.

고심 끝에 기초교육 개편을 추진하기도 하였으나 이 문제는 많은 구성원이 기존의 담당 학과목을 유지하고 싶어 했기 때문에 현실적인 반발이 많았다. 이런 점에서 구성원들의 적극적이고 지속적인 공감대가 요구되며, 학제개편은 중·장기적인 시각에서 바라보고 다음 집행부에서도 꾸준한 검토가 필요할 것으로 본다.

글로벌 네트워크 확대

세계의 중심축이 아시아로 이동하면서 대한민국의 위상은 점점 높아지고 있다. 이러한 위상에 맞추어 아시아를 중심으로 다양한 국제 네트워크를 확대해 나갔다.

서울대학교는 개도국 내 거점대학과의 네트워크 구축을 통해 아시아 지역 내 서울대학교 중심의 진정한 교육 허브를 마련하기 위해 2011년 11월 '아시아 대학 포럼'(Asian Universities Forum)을 창설하여, "Education and Research Cooperation in the Age of Emerging Asia: Creating New Asian Value"를 주제로 아시아 12개 국 24개 대학이 참석하여 성황리에 개막 총회를 개최하였다.

제2회 아시아대학 포럼은 2013년 1월에 태국 출라롱콩대학교에서 14개 국 22개 대학이 참여하여 "Creating a New Vision for the Future of Asian Universities"(아시아 대학의 미래를 위한 새로운 비전 창조)를 주제로 개발도상국의 교육역량 강화 및 인재양성을 지원하며 아시아 대학 네트워크의 확장과 정립을 도모하였다.

제3회 아시아대학 포럼은 그 중요성을 인정받아 2014년 5월 카자흐스탄 국립대학이 주관하여 제7회 아스타나 경제포럼과 함께 주최하였으며, 필자가 "Eurasian Diversity and Role of Universities for Sustainable Development" 주제 발표를 하였다.

지난 4년간 괄목할 만한 진전은 북경대, 동경대 등과 각각 합동 보직자 회의를 개최하여 공동의제에 관한 심도 있는 논의와 실질적 협력 방안을 모색하고 합의사항을 집행하였다는 점이다. 2013년에는 서울대가 주도적으로 서울대, 북경대, 동경대, 베트남국립대(하노이)가 연례적으로 참여하는 BESETOHA 총장포럼을 개최하였다.

세계 명사들의 초청과 만남

임기 중 세계인의 주목을 받는 인사(김용 세계은행 총재, 미얀마 정치 지도자인 아웅 산 수 치 여사, MS 창업자 빌 게이츠, 구글 에릭 슈미트 회장, 알리바바 창업자 마윈 회장, 영국왕립학회 회장 폴 널스 노벨의학상 수상자)들을 초청하여 강연회 등을 열기도 하였다.

MS 창업자 빌 게이츠와 함께

구글의 에릭 슈미트 회장과 함께

명예박사 수여식을 마친 후, 아웅 산 수 치 여사와 함께

그 중 수많은 청중의 기립박수를 받으며 성황리에 끝난 아웅 산 수 치 여사의 강연은 특히 인상 깊었다.

수 치 여사는 '아시아의 민주주의와 인권'이라는 주제 강연에서 "모든 갈등의 해결은 내면에서 시작됩니다. 자신과 다른 것에 대한 증오와 두려움이 분쟁의 원인이니까요. 그러므로 타인과 그 사람의 가치관에 대한 관용이 매우 절실합니다."라며 시종일관 조화와 관용, 그리고 경제발전을 강조했다.

그는 최근에 유럽 선진국을 다녀왔는데, 경제위기라고는 하지만 예전보다 훨씬 부유해 보였다면서, 미얀마는 젊은이들이 일자리가 없어 희망을 잃어 가고 있다며 그들을 위한 '일자리 창출'이 최우선과제라고 했다.

다시 말해 바른 민주주의의 실현에 있어 수많은 논쟁에도 불구하고 경제발전이 보다 나은 인간의 조건을 건설하는 데 필수적이라는 것이다.

동시에 수 치 여사는 "민주주의라고 하면 권리를 떠올리지만, 그만큼의 책임도 요구된다."는 말과 함께 한국과 미얀마가 많이 닮았다고도 했다.

오늘날 세계적으로 고도의 경제성장을 이룬 한국도 미얀마와 비슷한 정치적 혼란 속에서 투쟁과 갈등, 분열과 상처 등을 겪으며 경제발전을 이룩했다는 것이다.

또한 어느 학생의 그간 어떻게 고난을 극복해 왔는지에 대한 질문에 "나는 가택연금을 당했을 뿐이며, 그 또한 당시 감옥에 간 분들에 비하면 고난이라고 생각하지 않는다."며 담담하게 답을 하기도 했다.

마지막으로 "교육을 통한 역량 계발 못지않게 개인의 의지 또한 중요하기에 무엇이 되는 것보다 목표가 무엇인지 설정하는 것이 더 중요하다."고 말하며, '타인을 배려하며 스스로를 수양해 나갈 것'을 당부하는 등 강연 내내 명쾌한 답변과 웃음으로 청중을 사로잡은 수 치 여사의 진솔한 강연이 아직도 귓가에 남아 있다.

소통을 위하여

맞춤형 학생지원 체제 구축

무엇보다 학생이 공감하는 복지를 실현하는 것이 급선무라고 판단하여, 장학제도를 기존의 성적우수자 중심에서 수요자 중심으로 전환하였다.

한국 사회에서 장학금은 으레 성적이 우수한 학생에게 지급되는 것이 사실이다. 하지만 그것만으로는 장학금의 취지를 살릴 수 없었다.

가정형편이 어려워 학업이 중단되거나 유예되는 학생들을 최소화해야 한다는 데에 공감대가 형성되었다. 고심 끝에 'SNU 희망 장학금'이라는 맞춤형 학생지원체제를 구축하여, 서울대학교 발전기금에 '희망 장학금'이라는 별도의 기금 항목을 만들어, 모금 캠페인에 들어갔다. 처음에는 반응이 신통치 않았으나, 발전기금 상임이사를 맡고 있는 김형주(컴퓨터공학부) 교수가 1억 원을 출연하는 등 대학 본부 간부들이 솔선수범하여 이 캠페인에 참여하면서부터 80억 원 가까운 장학금을 형성할 수 있었다.

그렇게 형성된 '희망 장학금'은 경제적 여건이 취약한 학생들에게 장학금을 주어 학습에 대한 열의를 갖게 하여 전체적인 교육의 효과를 높이는 한 방법이 되었다. 무엇보다 '희망 장학금'이 농·어촌이나 산간벽지에서 선발되어 온 학생들에게 큰 도움이 되고 있어 더욱 기쁠 따름이다. 학생들이 가진 가능성은 무한한데 경제적 여건 때문에 교육 혜택을 덜 받게 되고, 공부하고 연구할 시간을 학비를 버는 데 소비한다면 그만큼 학교로서도 큰 손실일 수밖에 없다.

희망 장학금은 바로 이러한 학생들에게 공부할 시간을 더 많이 만들어 주기 위해 조성된 것이다. 이것이 바로 수요자 중심의 장학금, 맞춤형 장학금이 아닐까 한다.

창의적 교육과 선도연구자 지원

대학의 가장 우선적인 존재의 목표는 교육이다. 그런데 경쟁을 하고, 성과를 강조하다 보니 교육에 대한 평가보다는 연구에 대한 평가가 교수들의 승진이나 인센티브에 있어 기준이 되고 있는 상황이다. 그러나 교육의 중요성은 아무리 강조해도 지나침이 없기에 연구 중심의 교수 인사제도의 한계를 극복하기 위한 방안으로 '교육상'을 드리게 되었다.

'교육상'은 창의적인 교수법을 개발하거나 남다른 열정으로 학생을 지도하여 구성원들에게 귀감이 되는 분들을 선정하여 상을 드리는 것이다.

송기호(국사학과) 교수는 다양한 자료를 활용하여 학생들이 스스로 문제의식과 역사적 맥락을 파악할 수 있도록 하는 데 초점을 둔 참여유도형 강의를 통해 교육발전에 기여한 분이다.

최선호(물리·천문학부) 교수는 실험의 시연을 통해 쉽고 흥미롭게 접근할 수 있도록 강의를 구성하였고, 강의내용을 동영상으로 촬영한 후 웹에 공개하여 학생들의 학습역량 개선에 도움을 주었다.

무엇보다 연구 경쟁력을 선도할 수 있는 창의지향 연구 지원 체제가 개선되어야 국내외 연구 환경에 능동적으로 대처하고, 수요자의 니즈를 충족시킬 수 있기에 '창의선도연구자 지원사업'을 확대 실시하였다.

그 일환으로 서울대학교는 각 연구 분야에서 묵묵히 헌신하며 탁월한 연구 성과를 산출하고 있는 학자를 창의선도 교수로 임용하여, 연구비를 지원함으로써 국제적 수준의 연구 성과를 올리게 하는 데 노력하였다.

특히 서울대가 배출한 학문후속세대의 대표적인 분으로 백성희(생명과학부) 교수를 들 수 있다. 그분께는 앞으로 공부하는 학생들에게 희망을 심어주기 위해서 입학식 때 축사를 부탁드리기도 했다. 백 교수는 서울대에서 학부와 박사를 마치신 분으로, 해외에서 공부하지 않고도 얼마든지 창의선도 교수로 선정될 수 있다는 학문후속세대의 상징적인 분이기 때문이다.

또한 마이크로 RNA 연구 분야의 새 지평을 연 김빛내리(생명과학부) 교수는, 생명과학분야에 큰 기대를 하고 있는 우리나라 대표 여성 과학자로, 초등학교 시절 관절에 이상이 생겨 일 년간을 휴학하고 있는 동안 많은 책을 읽었다고 한다. 그때의 독서가 지금의 역량을 키워준 것일까?

노벨상 수상에 가장 근접해 있는 국내 과학자로 손꼽히는 김 교수는 해외 유명저널인 『셀』(*Cell*)과 『네이쳐』(*Nature*), 『사이언스』(*Science*) 등에 논문이 실렸을 뿐만 아니라, 미국 국립과학원(NAS) 회원으로 선출되는 등의 영예를 안기도 했다.

실험을 하다 보면 수없이 많은 실패를 경험하지만, 두려워하지 않고 오히려 실패를 배워 가는 과정이라며 "앞으로 본인조차도 상상하지 못한 것을 발견하는 연구를 하고 싶다."는 김 교수의 말이 꼭 실현되기를 기대한다.

임지순(물리·천문학부) 교수는 '전산 고체 물리학'이라는 분야를 개척한 공로를 인정받아 우리나라 물리학 분야에서 미국 국립과학원 회원으로는 처음으로 이름을 올린 분이다. 고교동문이기도 한 임 교수는 이미 고교시절부터 친구들 사이에서 동양의 석학(Einstein)이라는 별칭을 달았을 만큼 장래가 촉망되는 학생이었다. 우리 속담에 "될 성부른 나무는 떡잎부터 알아본다."는 말처럼 임 교수는 그때부터 이미 장차 거목이 될 나무로서 가능성과 잠재력을 키우고 있었던 것 같다.

현택환(화학생물공학부) 교수는 초등학교 5학년 때 혼자 대구로 나와 중학교 시절부터 과외 아르바이트를 하면서 숙식을 해결할 정도로 어렵고 힘든 생활 속에서도 과학자의 꿈을 키워 나갔다고 한다. 그렇게 차곡차곡 꿈을 이루어나간 현 교수는 나노입자를 저렴한 가격으로 대량 제조할 수 있는 기술을 발표하여 '영 인벤터즈 어워드'(Young Inventors Award) 등을 수상하였다. 뿐만 아니라 현 교수는 80여 편의 논문을 발표하였는데, 2,000번 이상 다른 논문에 인용될 정도로 참으로 놀라운 연구업적을 내기도 했다.

이렇듯 훌륭한 분들의 노고 덕분에 서울대의 위상이 점점 높아지는 것은 물론이고, 대한민국의 미래 과학 역시 파란불일 수밖에 없다는 생각이다.

나는 총장 자신이 스타플레이어가 아니고 스타플레이어를 만드는 것이 총장의 역할이라는 '총장 역할론'의 시각을 갖고 있다. 그러므로 서울대학교는 이런 분들이 안정적이고 체계적인 토대 위에서 연구에만 매진할 수 있도록 분위기를 조성해 줄 책무를 안고 있다는 생각이다.

지금 이 시간에도 연구실에서 또는 실험실에서 하얗게 불을 밝히며 자기 분야의 학문 발전을 위해 연구에 매진하시며, 끊임없이 노력해 주시는 많은 학내 교수님들께 감사한 마음을 전한다.

정보화도서관의 신축

연구 인프라 구축 역시 연구를 촉진하는 필수적 과업이므로, 학문 발전의 근간이 되는 학술자료를 확충하고, 차세대 학술정보시스템을 주안으로 한 글로벌디지털 도서관을 신축하는 데도 노력을 아끼지 않았다.

'도서관 신축'은 시대적 흐름을 반영하기 위한 필연적인 사업으로, 신축될 제2도서관은 디지털 매체를 활용한 정보 습득과 연구·교육·소통·토론중심 학습이라는 교육환경의 변화와 함께 21세기 선도대학에 걸맞게 '새로운 개념의 미래형 도서관'으로 건립되고 있다.

2014년 말 완공예정인 관정도서관 조감도

제2도서관은 공동학습이 가능한 그룹 스터디룸과 멀티미디어와 디지털 기기활용이 가능한 첨단시설을 갖춘 스마트한 공간으로, 기존 중앙도서관과 유기적으로 연계되어 앞으로 서울대학교의 지성과 문화가 어우러진 기념비적 공간이 될 것이다.

기초학문 교육 진흥과 기반 조성

국립대학법인 서울대학교는 '세계를 선도하는 창의적 지식공동체' 형성을 비전으로 설정한 바 있다.

이러한 비전을 추구함에 가장 기본이 되는 과업은 기초학문의 교육·연구를 진흥하는 것이다. 이러한 사명은 아무리 강조해도 지나침이 없고, 서울대학교는 이러한 사명을 달성해야 할 책무를 안고 있다. 그러므로 그 책무의 일환으로 학문후속세대를 발굴·지원하고 기초학문의 연구지원, 미래 기초학문분야의 기반 조성에 지속적으로 심혈을 기울여야 한다.

배려와 나눔의 실천

국내외 사회공헌 활동 강화

대학은 무엇보다 변화하는 사회의 흐름에 맞춰 사회적 책무에 더 귀 기울이면서, 소명의식을 가지고 사회공헌에 이바지해야 한다고 생각한다. 최근 서울대 구성원들의 사회적 책무를 실천하고자 하는 인식이 더욱 높아지고 있음은 고무적인 일이다.

서울대는 학생, 교수, 직원 등 우수한 인적 자원을 가지고 있다. 그러나 곰곰이 생각해 보면 "우리가 우수하다고 하는 것을 과연 스스로 가치 있다고 자부할 수 있겠는가?"라는 물음이 생긴다.

우리가 우수한 성과를 만들어 내는 데 그치지 않고, 이를 사회에 환원하고 공동체와 더불어 나눌 수 있을 때, 비로소 가치 있는 자부심을 갖고 있다고 할 수 있지 않을까?

그 일환으로 서울대가 보유한 풍부한 교육자원을 활용하여 서울시 중·고교생과 함께하는 교육 프로그램을 진행하였고, 법무부 수용자 사회복귀 지원 프로그램을 주도하였다.

특히 교도소 수용자들을 대상으로 한 인문학 분야의 강좌 실시는 많은 분들의 주목을 받고 있다. 강연을 맡으신 어느 교수님은 법무부

나눔 실천에 참여한 학생들

수용자 사회복귀 프로그램을 접하면서, 자신들의 과거에 대한 반성과 뼈아픈 참회의 눈물을 흘리며 새로운 삶을 위해 노력하는 재소자를 대할 때마다, 보람을 느낀다는 말씀을 하시곤 하였다.

또한 방학기간에는 전국을 대상으로 매 방학마다 100여 명이 넘는 서울대 학생들이 교육소외지역에 소재한 중·고등학교 현장을 찾아가 교육봉사활동의 하나인 '나눔 교실'을 열었다. 특히 우리 이웃인 관악구 등 지역사회의 소외계층과 저소득층에 대한 학생 동아리 및 단체의 자원봉사활동을 적극적으로 장려하였다.

학내 교과목(사회봉사)을 통해 지역사회 기관과 연계하여 봉사할 수 있는 프로그램도 조성하였고, 한 발 더 나아가 'SNU 멘토링'이라는 서울대 재학생 멘토와 전국 저소득층 청소년 멘티 간 온·오프라인 멘토링도 실시하고 있다.

변창구 교육부총장은 바쁜 공직생활 중에도 연평 중·고등학교 학생들의 진로탐색에 도움을 주고자 "세상에는 길이 너무 많아요."라는 주제로 특강을 해 주었다.

특강을 통해 학생들에게 세상에는 많은 선택의 길이 있다는 것과, 어떤 것을 잘 하는지 자신의 재능과 소질을 찾아보고, 자기 주관을 갖고 끊임없이 노력하는 사람이 되어 스스로 진일보할 수 있도록 하라는 소중한 메시지를 전달해 주기도 하였다.

변 교수는 강연을 마무리하며 오노 요코가 쓰고 존 레논이 인용하면서 유명해진 문장인 "A dream you dream alone is only a dream. A dream you dream together is reality"(혼자 꾸는 꿈은 그저 꿈에 불과하지만, 함께 꾸는 꿈은 현실이 된다.)라는 문장을 칠판에 적어 주며, 비단 개인의

글로벌봉사단 발대식(2011. 1. 12)

꿈이 아닌 우리 모두의 꿈으로 인식하고 노력할 것을 당부하는 것도 잊지 않으셨다.

사회적 책무는 국내 공동체에 국한되지 않고 국제적 협력으로 확산되어야 한다는 생각을 하던 차에, 지난해 6월 부영그룹 이중근 회장께서 도와주신 덕분에 우정 글로벌사회공헌센터가 설립되면서 글로벌 협력 체계가 갖춰지게 되었다. 서울대가 가진 많은 지적·인적·기술적 역량을 나눌 수 있도록 개도국과 협력할 수 있는 길이 넓어지게 된 것이다

글로벌 사회공헌단은 국내 사회공헌활동의 경험을 바탕으로 '글로벌봉사단'(스누봉사단)을 창단하여 동남아 등 개도국 초·중등학교를 찾아 맞춤형 봉사를 실천하였다. 그 밖에도 경제적으로 어려운 국가에 교육, 건축, 의료 활동뿐만 아니라 다양한 분야에서 국제개발협력사업을 추진해 나가고 있다.

공교육 정상화 기여

잠재력 있는 학생에게 기회를

가능성 있는 인재를 뽑아서 그 가능성을 열어 주게 하는 것이 우리 입시제도의 기본 목적이다. 그러므로 우선 개방적 자세를 가지고 예측가능하고 투명하며 대입지원자의 부담을 경감하고, 장기적으로는 공교육 정상화와 사교육비를 절감하는 데 기여하는 입시제도를 운영하였다.

정형화된 인재가 아닌 가능성을 가진 인재, 타율적인 인재가 아닌 자율적인 인재를 선발하기 위해서 다각도로 연구노력을 기울였고, 사회적 소외계층에게 더 많은 기회를 주기 위해 다양한 노력을 투입하였다.

입시제도는 교육부의 관련법령과 대학교육협의회의 지침이라는 제약 속에서 최종 결정되기 때문에 서울대학교의 독자적 영역은 한계를 띨 수밖에 없다. 그러나 그러한 제약조건 속에서도 서울대학교는 2015학년도 입학전형을 개선하여 그 방향을 공교육 정상화에 기여하는 데 중점을 두었다.

이를 위해서는 고등학교 내에서 이루어지는 교육활동을 중심으로 잠재적 발전 가능성을 갖춘 창의적 인재를 선발하려 노력했으며, 무엇보다 학생들에게 기회를 균등하게 주기 위해 최저학력기준을 없앤 것에 큰 의의를 둘 수 있겠다.

기회균형선발 대상이 되는 농·어촌과 장애인 학생들에게는 최저학력기준이 늘 장애 요인이 되었는데, 그것을 폐지하여 사회적 배려 대상자들에게 입학의 기회를 좀 더 넓혀 주는 계기를 마련해 준 것이다.

재임 중 농·어촌 고등학교들의 추천을 받는 입시제도를 도입한 것은 많은 농·어촌 고교 학생들에게 희망을 심어 주었다.

입시제도 간소화의 일환으로 입학전형 수시에서 학교생활기록부의 비중을 높였으며, 정시에서는 대학수학능력시험을 중심으로 간소화하였다. 입학전형 간소화에 따른 선발의 어려움을 극복하기 위해서는 평가시스템을 개선하고 입학사정관 제도의 전문성 강화를 도모하였다.

그러나 우리가 생각하는 입시철학이 현재 서울대학교 입시제도에 적절히 반영되었다고 말하기는 어렵다. 하지만 서울대학은 앞으로도 입시 개선을 위해 지속적인 노력을 기울여야 한다고 생각한다.

우리나라는 전국적으로 획일화된 입시제도의 토대 위에서 입시 방식을 설계하기 때문에 서울대학이 독자적인 입시 방식을 운영하는 것에는 한계가 있다. 나는 대학의 자율화에서 가장 중요한 것은 대학이 입시제도에 대해 선택할 수 있는 범위가 넓어져야 한다고 생각한다. 여기에는 학부형이나 교사들의 많은 이해가 필요함은 두말할 나위도 없다.

서울대학이 입시제도를 변화했을 때 자기이익과 충돌이 된다고 비판만 할 것이 아니라, 그것이 가지고 있는 궁극적인 가치가 무엇인지를 판단할 수 있는 거시적 시각이 필요하다. 또 입시제도와 관련해서는 앞으로도 여러 대학이 함께 공동의 노력을 기울여야 할 것으로 본다.

대학의 행정·재정 기반 강화

자율과 책임의 운영체계 구축

서울대학교는 '출연금 예산총액제'를 실현함으로써 예산집행의 자율성을 확대하는 전기를 마련하였다. 출연금과 자체 회계를 법인회계로 일원화하는 작업, 복식부기의 도입 등 통합적 재정 관리를 위한 회계 및 예산제도를 정비한 것은 실로 괄목할 만한 변화였다.

뿐만 아니라 운영 시스템의 내실화를 기하기 위해 대학 운영성과의 지표로 활용되는 각종 통계정보들의 신뢰성을 확보하여 이를 체계적으로 생성·분석·관리할 수 있는 시스템을 구축하기 위해 끊임없이 노력했다.

행정 프로세스 혁신과 경영정보 제공에 중점을 둔 행정정보시스템 고도화를 통해 대학 행정의 효율성을 제고하는 작업을 진척시켰으며, 직원의 전문성 강화를 위해 계층별 리더십 교육을 강화하여 직원 개인의 성취의욕을 고취하는 데도 주안점을 두었다.

차세대 멀티 캠퍼스

평창 그린바이오 캠퍼스

법인 재산의 운영 내실화와 사람 중심의 차세대 캠퍼스 기반을 구축하고, 각 캠퍼스별 수요를 반영한 종합적인 발전방안을 수립하였으며, 친환경 캠퍼스 정착을 위해 체계적인 규제관리를 도모하였다.

평창 그린바이오 캠퍼스 준공식(2014. 6. 12)

그 예로 과밀화되어 있는 관악캠퍼스의 추가적인 건축에 대해서는 조심스럽게 접근하면서, 기존 유휴 공간의 효과적인 활용방안 등을 검토해 나가고 있다.

그러나 그런 공간을 활용하려면 먼저 서울대 구성원들은 개별 건물을 자신들의 대학만이 사용해야 한다는 폐쇄적 인식에서 벗어나서, 서울대 공공의 건물이라는 개념과 인식을 갖는 개방적 자세를 취해야 할 것이다.

서울대는 그동안 지역사회와 함께 성장하는 개방과 융합지향의 다양한 '멀티 캠퍼스'의 조성을 추진해 왔다.

멀티 캠퍼스 사업의 성공적인 사례로써 2014년 6월 준공식을 가진 평창 그린바이오 캠퍼스를 들 수 있다. 바이오산업의 중요성을 고려할 때 이에 대한 연구와 산학협력이 가능한 공간이 필요한 시점에 그린바이오 과학기술연구원과 국제농업기술대학원을 주축으로 한 평창 캠퍼스가 10년 만에 빛을 보게 된 것이다.

부디 서울대의 제2캠퍼스라고 할 수 있는 수준의 역할과 기능이 활

평창 그린바이오 캠퍼스(2014. 6)

성화되어, 생명과학 산학협력의 동북아 허브가 될 수 있기를 기대한다.

시흥 캠퍼스는 국제화의 수요에 따른 공간이다. 외국인 학생들이 계속 증가하고 있는 가운데 상대 국가와의 협정에 따라 기숙사에 이들을 우선 배정해야 하기 때문에 기숙사에 거주하고자 하는 지방 학생들의 경쟁은 자연적으로 치열해질 수밖에 없다. 그러나 관악 캠퍼스에 기숙사를 확충하는 것에는 한계가 있었다.

따라서 시흥 캠퍼스를 글로벌 캠퍼스로 개발하여 외국에서 온 학생들에게 안정적으로 거주할 수 있는 캠퍼스를 제공해 줄 필요가 있었다.

마지막으로 기존의 수원 캠퍼스는 어떠한가? 지역주민에게 산책로와 공원을 제공해 주기 위한 공간 개방과 낙후된 지역문화 발전을 위해 미술 전시관 등을 운영하여 지역발전과 사회공헌을 위한 시설로 적극 개방하고 있다.

세계에서의 서울대학교 평가

나는 대학평가를 받는 입장에서는 정직하고 성실하게 평가 받는 것이 중요하다고 생각한다.

있는 그대로 서울대학교가 가지고 있는 장단점을 정확하게 보여 주고, 그로 인해 우리 스스로 더 개선해야 할 부분을 바로 인식할 수 있다면, 대학이 더 성찰할 수 있는 계기가 될 것이기 때문이다.

평가점수의 높고 낮음은 이차적인 문제이다. 학생들 역시 시험을 통해 평가를 받으면서 성장한다. 시험을 보기 때문에 학생들이 더 열심히 공부하게 되듯이 대학평가도 마찬가지로, 이것은 하나의 제도적인 선순환과정이라고도 볼 수 있을 것이다.

그래서 나는 평가기관이 학교를 방문했을 때 학교의 여러 사항들을 있는 그대로 보여 주었다. 평가기관에서 평가단이 나오면 소극적인 경우도 있었다지만, 그렇게 하면 대학은 자기 혁신의 기회를 과소평가하게 될 수 있다. 그런 까닭에 나는 누가 학교를 찾아오던 지위고하를 막론하고 만났다. 그렇게 하여 현재 서울대학교에 대해 여러 이야기들을 나누고, 서울대학교를 어떻게 보았는지 물어본다. 그러면 실무자들은 국내외 유수의 대학 및 교육기관과 비교해 서울대학교의 장단점과 평가의견을 들려주었다. 비용이 조금도 발생하지 않으면서도, 이보다 더 값진 컨설팅이 또 어디에 있을까?

나는 총장으로서 지금껏 국제 QS 평가기관으로부터 서울대학교의 순위 평가에 성심성의를 다했다. 그저 열심히 서울대학교가 더 해야 할 일을 물어보고, 평가단에게 들은 내용을 꼼꼼히 체크하고 적극 반영했을 뿐이다. 그리고 그것들이 교직원과 학생들에게 어떤 영향을 미쳤는지 검토하며 꾸준히 개선해 나갔을 뿐이었다.

그래서 나는 평가단들을 만날 때마다 더더욱 많은 질문을 쏟아 놓는다. 그럴수록 평가단들은 금과옥조 같은 조언들을 해준다. 물론 그것들이 100퍼센트 반영되기는 어려운 게 사실이다. 그럼에도 불구하고 그것들을 받아들여 개선하는 노력을 하다 보면 서울대학교가 다시 한 발자국 더 나아가 있는 것을 보게 된다.

예를 들어, 서울대학교의 논문은 상당수의 논문이 국문으로 쓰였는데, 국제적인 기준으로 국문학이나 국사학 연구 성과를 평가할 때 상대적으로 과소평가되는 경우도 있다. 그런 부분을 보완하기 위해 비록 논문은 국문으로 기술되더라도, 제목은 영문표기를 병기해 놓는다.

이러한 작은 노력들은 서울대학교의 연구 성과와 노력을 세계에 알리는 데도 일정한 기여를 한다. 외국대학교와 학생들 또한 영문을 통해 서울대학교의 논문을 쉽게 검색해서 찾을 수 있기 때문에 서로 도움이 되는 것은 물론이다.

이런 식으로 조금씩 국제적인 관점에서 생각하고 보완해 나가는 것, 이 또한 소통의 방법이자, 서울대학교의 위상을 확립해 가는 길이라고 생각한다.

그러면 세계대학평가에서 서울대학교가 차지하는 위상을 살펴보기로 하자. 권위 있는 세계대학평가기관으로 QS(Quacquarelli Symonds)와 THE(The Times Higher Education)를 들 수 있다. QS 평가에 있어 서울대학교는 2013년에 35위를 기록함으로써, 2010년도 50위에서 괄목할 만한 개선을 이루었다. THE 순위에서는 2013년도에 44위를 차지하여 2012년에 비해 15단계 상승하는 성과를 얻었다. 또한 2013년도 THE 학계평판도 순위에서는 26위를 차지한 바 있다. 2013년도 QS와 THE 평가순위는 지금까지 서울대학교가 해당 기관으로부터 기록한 평가결과 중 가장 높은 성과를 나타낸 것이다. 이들 평가기관은 매년 학계평가, 연구역량, 졸업생 평판도, 교육여건, 국제화 등을 바탕으로 세계대학평가를 시행하고 있다.

헌신적 보직자들

서울대학교가 발전하기까지에는 수없이 많은 교수님들의 자기 희생과 헌신적인 도움이 있었다.

국립대학 최초의 여성 부총장으로 봉직하신 박명진 교수님은 서울대 법인화법의 국회 전격 통과로 비롯된 법인 전환 준비 기간 중 혼신의 노력을 기울여 주셨다. 학내 교수단, 학생 대표들과의 소통은 물론 많은 언론기관의 논설위원, 편집간부들을 일일이 만나면서 대학의 입장을 설명하고 그들의 의견을 경청하느라 주말도 반납하는 일이 한두 번이 아니었다. 박명진 부총장은 학생처장 이학래 교수(나중에 농생대학장으로 전보), 후임 학생처장 정철영 교수, 학생부처장 이원우 교수(현 법학전문대학원장), 이재영 교무부처장(현 학생처장)을 독려하여 2011년 6월 본부의 학생점거 사태를 해결하는 데 큰 역할을 해주셨다. 고(故)김재익 수석의 사모님이신 이순자 여사께서 개도국 유학생을 위한 사재 출연을 결심하게 된 배경에는 경기여고·불문과 후배인 박 부총장의 조언이 크게 작용했다고 본다.

이승종 연구부총장(화학생물공학부, 나중에 연구재단 이사장으로 전보)의 오랜 기간의 연구경험과 겸손한 공직수행 자세는 신희영 연구처장(소아과학)의 추진력, 이봉진 연구부처장(현 약대학장)의 조정력과 결합하면서 서울대학교 연구행정의 쇄신에 괄목할 만한 기여를 했다.

서울대학교 법인화법이 통과되어 1년 미만의 짧은 준비기간에 각종 법령, 규정, 직제 정비 등 산적한 과제를 처리하여 서울대학교 법인으로 출범하는 과정에서 최종원(행정대학원) 법인설립추진단장과 남익현(경영학과) 기획처장, 이원우 학생부처장을 포함한 추진단 간부들의 상상을 초월한 헌신적 노력을 잊을 수 없다. 아마도 이분들의 투혼이 없었다면 법인 전환은 불가피하게 법정 기간을 넘겼을 수도 있었을 것이다.

특히 교수 제도 정비와 직원 신분 전환 문제는 구성원의 미래와 직결되기 때문에 최종 조율이 참으로 어려웠다. 그런 상황에서 교무처장 김홍종(수리과학부) 교수는 특유의 미소와 일관된 원칙으로 의대 기금교수 문제를 포함한 교수 제도 정비를 완벽하게 일구어 냈다.

남익현 기획처장은 이장무 총장 재임 4년(발전기금 상임이사, 기획부처장)을 포함해 우리 팀의 4년 임기 내내 법인화 준비, 법인 출범, 각종 제도 정비, 이사회 운영, 평의원회와의 소통 등으로 많은 시련을 겪은 나머지 최근에 성격이 아예 소통형으로 바뀌었다는 소문도 있다.

후반부에 특유한 친화력과 고른 보직경험을 갖춘 변창구 부총장은 새로 출범한 서울대학교 법인 체계를 안정화시키는 데 크게 기여했다. 허남진 기초교육원장을 독려하여 교양과목 개편을 실현했으며 기초학문 육성을 위해 홍기현(경제학부) 교무처장, 임철일(교육학과) 교육부처장과 함께 많은 노력을 기울였다. 홍기현 교무처장은 치과대학 백승학(교무부처장) 교수와 함께 서울대학교의 글로벌 역량개발사업, 신규 교원인사, 교수민원 사안 등 산적한 과제를 소리 없이 처리했다.

후반부에 연구부총장에 취임한 이준식(기계공학부) 교수는 공학계열의 선도적 연구자로서 서울대학교 미래연구의 기반을 조성하였으며 '공과대학혁신위원회' 위원장의 공직을 역임하면서 노조와의 원만한 협상과 직원인사를 마무리해 왔다. 성노현(생명과학부) 연구처장 역시 정진화(농경제사회학부) 연구부처장과 함께 산단의 구조개선과 현장중심 연구비 관리체제의 정비에 기여하였다.

후반부에 신설된 기획부총장에 보임된 임정기(영상의학) 교수는 의대학장과 병원 부원장으로 봉직한 생생한 현장경험과 고유의 정무적 감각을 통해 서울대학의 다양한 신규 기획업무를 매끄럽게 처리함으로써 차기 집행부의 짐을 덜어주었다. 평창 캠퍼스의 완공, 시흥 캠퍼스 구상의 정리, 학내 각종 하드웨어 사업의 진행에는 법적 절차의 진행과 검토가 필수적인데 이 분야의 전문적 식견과 특유의 신중함으로 원만히 대부분의 사업을 마무리해 준 정순섭(법학과) 기획부처장, 이정동(기술경영·경제·정책 전공) 전임 부처장, 4년간 홍보와 소통업무에 전념한 강준호(체육교육과) 협력부처장께도 감사의 말씀을 전하고 싶다.

김영오(건설환경공학부) 학생부처장은 학생들의 애환과 미래를 토론하는 등 친동생처럼 학생들을 가까이 하면서 학생들의 큰형님 노력을 톡톡히 했으며, 그 결과 학생회가 원만히 구성·운영되고 학생회관의 리모델 공사가 들어설 수 있었다. 정진성(사회학과) 인권센터장은 불편한 몸을 이끌고 우리나라 대학 최초의 인권센터를 구축하였고, 이 센터를 세계 모범국가 수준으로 격상시키기 위해 오늘도 불철주야 서울대의 총체적 인권 향상에 투혼을 불사르고 있다.

김준기 국제협력본부장과 정종호 국제협력본부장은 각기 2년씩, 신성호 부본부장은 4년간 서울대학교의 국제화를 위해 5대양 6대주를 자기 집처럼 드나들었는데 그 결과 협약체결대학의 수, 유치 유학생 수, 하계강좌 신청자 수 등 제반 국제화 지표를 두 자리 숫자 이상으로 향상시켰다. 김준기 본부장은 임기 내내 과도한 출장으로 입술에 생긴 물집이 아물 시간이 없었던 것으로 기억하고 있으며, 정종호 교수는 중국전문가답게 중국과의 학술교류를 대폭 증진시키고 중국 최고 지도부의 서울대 방문을 성사시켰다.

백순근(교육학과) 교수(현 교육개발원장)와 박재현(의학과) 교수는 입학본부장을 맡으면서 다양한 요구와 변화에 직면해 있는 서울대 입학 제도를 원만히 개선시키는 데 많은 노력을 기울였으며, 이상구(컴퓨터공학부) 정보화본부장은 전임 한준구(의학과) 본부장의 뒤를 이어 서울대학교 정보화 역량을 한 단계 격상시켰다. 대학신문사 유홍림(정치학과) 주간은 학생기자들의 역량개발과 사기앙양에 힘써 대학신문이 학생들을 포함한 구성원들이 더욱 많이 읽히는 교내 소통수단으로 자리 잡는 데 기여하였다.

발전기금의 김형주(컴퓨터공학부) 상임이사, 안지현(영어영문학과) 기금본부장, 이석원(행정학과) 자문위원은 발전기금 모금 목표 5,000억 원 초과 달성을 위해 4년 내내 땀을 흘렸다.

물론 각 단과대학의 학장님들을 비롯한 부학장님들 모두 학교를 위해서 많은 노력을 해주셨고, 또 연구소와 여러 기관의 책임을 맡으신 교수님들의 개인적 희생을 감수한 학교를 위한 애정에 늘 고마움을 가졌다. 또 이분들을 도와서 일을 실제 집행해 준 여러 직원분들을 비롯한 서울대학교의 모든 구성원들을 생각하면 저절로 고개가 숙여진다.

특히 제2도서관을 신축하는 과정에서 도서관의 미비한 시설을 확충하고 보완하는 데 크게 기여를 한 박지향(서양사학과) 도서관장과 학생들의 점거사태를 막기 위해서 밤낮으로 뛰어다니다 몇 일 만에 귀가하던 길에 하마터면 큰 사고를 당할 뻔했던 정철영(농산업교육과) 전 학생처장의 노고도 잊을 수가 없다.

서울사대 부속 중·고등학교를 완벽하게 서울대로 귀속시킨 사범대 전 김종욱(지리교육과) 학장도 빼놓을 수 없다. 현행 서울대학교 법인화법의 미비로 서울사대 부설학교가 서울대에 무상 양도될 수 없다는 사실을 뒤늦게 알게 되었고, 이로 인해 부설학교의 운영이 위협받는 것은 물론, 존폐 위기마저 거론되는 상황이 발생하였다. 이러한 예기치 못한 사태를 해결하기 위하여 김종욱 학장은 두 개 법안을 통과

서울사대 부속 중·고등학교 법인 귀속의 날 기념식(2014. 1. 24)

시키기 위해 불철주야 관계자들을 설득하면서 혼신의 노력을 기울였다. 그 결과 서울사대 부속 중·고등학교가 온전하게 서울대 품 안으로 돌아올 수 있었으며, 새로운 발전의 전기를 마련하게 되었다.

특히 법률안 발의에 도움을 주신 신계륜 의원과 정세균 의원, 교육위원회 간사로 계신 유기홍 의원, 그리고 부산의 김세영 의원과 법사위원회의 위원장이었던 박영선 의원께도 고개 숙여 깊은 감사를 표하고 싶다. 또한 서울대학교 재정지원을 위해서 아낌없는 노력을 기울여 주신 교육위원회의 안민석 의원께도 고마움을 전한다.

끝으로 당시 제일 힘든 상황이던 출판문화원을 맡아 교내에서 가장 경영성과가 뛰어난 기관으로 키운 김종서(종교학과) 출판문화원장의 열정에 고마움을 표하고 싶다.

연구와 교육에 전념하기도 어려운데 보직을 맡아 묵묵히 총장의 일을 적극 도와 주신 많은 교수님들의 헌신적인 자기 희생이 오늘날의 서울대학교를 만들어 왔다고 본다.

제3부

연설문을 통해서 본 인간 오연천의 가치관과 철학

- 국가 발전과 대학의 역할에 관한 성찰
- 서울대학교의 책무와 새로운 발전의 패러다임
- 서울대학교 법인화의 의의와 가치에 대한 인식
- 큰 배움(大學)의 길에 접어든 신입생들에게
- 서울대학교 졸업생이 갖추어야 할 소명의식과 덕목(德目)
- 세계를 향한 서울대학교의 글로벌 전략
- 공직자와 고교생을 향한 선배의 당부

국가 발전과 대학의 역할에 관한 성찰

대학이 바로 희망이다

지금 세계는 전례 없는 격변기를 지나고 있습니다. 국제적 역학관계가 요동치고, 세계의 경제 질서가 재편되고 있습니다. 이러한 근원적 변화는 산업사회가 지식기반사회로 이행하는 데 따른 결과입니다. 앞으로 창조적이고 가치 있는 지식을 생산하는 나라가 새로운 글로벌 시대를 이끌게 될 것입니다.

정치·경제·사회·문화의 패러다임이 총체적으로 변화하는 범지구적인 격랑의 한복판에 대한민국이 있습니다. 우리는 짧은 기

이 글은 2010년 8월 2일에 거행된 제25대 서울대학교 총장 취임식에서 행한 취임사다. 전환기 한국 사회에서 대학과 서울대학교의 역할에 관한 좌표를 설정하고, 이를 구현하기 위한 총장의 역할을 제시하고 있다.

간에 역동적인 국가발전을 이루어 내며 전 세계의 주목을 받았습니다. 성장의 아픔도 만만치 않았습니다. 이념적 혼돈과 계층 간 갈등도 큽니다.

대한민국의 역량을 다시 안으로 모아, 국가 간 무한경쟁을 뚫고 세계의 중심으로 뛰어오를 동력원이 절실하게 필요한 시기입니다. 누가 우리나라를 이 거친 파도를 헤치고 다시 날아오르게 할 수 있겠습니까? 대학이 희망입니다.

대학과 사회의 상호 관계

대학과 사회는 운명을 함께합니다. 대학의 발전 없이 국가와 사회의 진보가 없고, 국가와 사회의 지원 없이 대학의 발전은 없습니다. 진리와 정의를 존중하며 국민으로부터 사랑받고 국가발전에 기여하는 것이 대학의 존립 이유입니다. 그동안 서울대가 이러한 대학의 존재 이유를 충족시키는 데 얼마나 충실했는지, 지나온 길을 반추해야 할 때입니다.

서울대학교가 우리나라의 산업화와 민주화에 기여해 온 것에 대해 우리는 커다란 자부심을 느낍니다. 그러나 반성할 점도 없지 않습니다. 우리가 사회의 아픔을 나누는 인간애를 얼마나 발휘했는지, 혹 외국의 연구 성과를 수입하는 데 바쁘진 않았는지, 학교의 명성에 안주하는 예비 기득권층을 양산한 것은 아닌지, 되짚어 보아야 합니다.

가치관의 혼돈으로 우리 사회가 중심을 잃고 갈등하고 있습니다. 우리의 미래 역시 불투명합니다. 한 치 앞을 내다보기 어려운

불확실성 때문에 방향을 잡기도 어렵습니다. 이러한 어둠 속에서 빛을 던져 줄 수 있는 유일한 등불이 무엇이겠습니까?

바로 대학입니다. 그렇습니다. 대학이 바로 희망입니다.

지성의 등대로서 서울대학교의 소명

대한민국이 세계사의 주역으로 비상(飛翔)하느냐 아니면 변방으로 밀려나느냐 하는 이 절체절명의 역사적 갈림길에서, 서울대학교가 세계적 대학으로 다시 태어나야 한다는 요구는 이제 지엄한 시대적 소명입니다. 새로운 소명은 발전과 진화의 또 다른 동력입니다. 이제 우리는 본원적 지식을 창출하고, 인류의 이상 실현에 더 크게 기여할 수 있어야 합니다.

우수한 신입생을 선발하는 데 연연할 것이 아니라, 탁월한 졸업생을 배출하는 데 힘을 쏟아야 합니다. 열악한 환경 속에서도 미래를 꿈꾸는 인재에게 학습 기회를 열어 주어 국민에게 희망을 주어야 합니다. 자신을 낮추고 사회적 약자를 배려할 줄 아는 바른 인재를 길러 내야 합니다.

외부의 잣대에 휘둘릴 것이 아니라, 좀더 엄격한 내면의 기준에 입각한 학문적 양심을 바로 세워야 합니다. 외국대학을 따라가는 데 급급할 것이 아니라, 지적 주체성으로 아시아의 가치와 한국의 길이라는 새로운 담론을 제시해야 합니다.

대학은 학문적 가치를 창조하는 광장입니다. 끊임없는 창조적 진화가 이루어지는 마당입니다. 시장주의와 편협한 명분론을 경계하며 대학 본연의 가치에 충실할 때, 우리는 진정한 세계적 대학으로 거듭 태어날 수 있을 것입니다.

대학은 사회보다 더 먼 미래를 내다보며 방향을 제시하는 지성의 등대가 되어야 합니다. 기존의 패러다임에 도전하고 한계를 깨는 지식의 프런티어(frontier)가 되어야 합니다. 이제 서울대학교는 '민족정신에 뿌리를 두고 첨단의 지식을 향도하는, 학문적 가치창조의 세계적 리더'가 될 것입니다.

서울대학교의 미래를 위한 총장의 역할

저는 이 중요한 변화의 시점에서 학교의 질적 도약에 필요한 기반을 마련하기 위해 헌신하겠다는 약속을 하고 싶습니다. 돌이켜 생각하면 서울대학교는 제게 참으로 많은 것을 주었습니다. 철모르던 소년이 이곳에서 지식을 얻고 삶의 방향을 정했습니다. 제 인생과 동의어인 모교를 위해 모든 땀과 눈물을 바치고자 합니다.

제가 잘할 수 있는 일은 몇 가지밖에 없습니다. 여러분의 도움과 나눔을 끌어내는 일이 그 중 하나입니다. 여러분의 격려와 진심

어린 비판이 있을 때, 서울대학교는 더 힘차게 전진할 수 있을 것입니다.

저의 부족한 부분을 동료 교수와 학생, 직원 여러분과 동문 여러분이 채워 주셔야 합니다. 그래주신다면, 대학의 생명인 품위와 자율을 지킬 수 있는 든든한 방파제가 되고자 합니다. 활짝 열린 마음으로 소통하는 '경청의 리더십'을 실천하고자 합니다.

서울대학교의 새로운 미래를 위해

향후 몇 년간은 우리 대학이 지식강국 대한민국의 견인차가 되기 위해 토대를 쌓는 중요한 기간이 될 것입니다. 새로운 미래를 향한 창조적 도전의 기반을 튼튼히 하기 위해 많은 준비를 해야 합니다. 국민의 애정과 신뢰, 그리고 사회의 지원이 절실합니다.

머지않은 장래에 세계인들이 서울대로 몰려올 것입니다. 따뜻한 인간애와 훌륭한 지적 역량을 지닌 우리 졸업생들도 세계무대에서 활약할 것입니다. 관악과 연건이 글로벌 지식 네트워크의 중심지가 되어야 합니다. 그것이 우리가 함께 만들어 갈 서울대학교의 모습입니다.

서울대학교의 새로운 미래를 위해 힘을 모읍시다. 변화를 두려워하지 맙시다. 민족과 역사를 위해 헌신합시다. 그리고 당당히 이야기합시다. 대한민국의 웅비(雄飛)를 가능하게 할 지성의 힘이 여기 서울대학교에 있다고 말입니다.

대학이 바로 희망이라고 말입니다.

대학이 미래에 대한 희망의 씨앗을 심는 역할을 자임할 때

새해(2014)에도 나라 안팎으로 어려움이 많을 것으로 예상됩니다. 우리 사회를 성장시킬 힘은 답보상태에 머물러 있고, 경제적·정치적 양극화 현상은 좀처럼 완화될 조짐이 보이지 않고 있습니다. 상당수 국민들은 기존 제도와 정책, 이를 추진하는 제도권의 문제해결능력에 대해 의구심을 가지고 있습니다. 그로 인해 자신과 공동체의 미래에 대한 강한 희망과 신뢰를 갖지 못하고 있는 형편입니다.

공동체의 신뢰회복과 희망의 씨앗을 심는 역할

이렇게 어려운 시점에 우리는 대학이야말로 공동체의 신뢰회복과 미래에 대한 희망의 씨앗을 심는 역할을 강조해야 할 때라고 믿습니다.

서울대학교는 국가 고등교육기관 본연의 역할에 더욱 충실해야 합니다. 시대가 요구하는 가치관을 정립하고, 시대를 선도하는 지식으로 무장한 참된 인재를 양성하며 공동체의 미래를 열어 줄 연구 역량을 획기적으로 향상시켜야 합니다.

서울대학교는 기존의 역할에 만족하지 않고 상호신뢰와 이해,

이 글은 2014년도 신년사를 발췌 재구성한 것이다. 신년사를 통해 '대학이 희망이다'라는 메시지 전달을 위해 서울대학교가 해야 할 일을 구체적으로 제시하고 있다.

배려와 나눔의 가치가 사회 곳곳에 퍼져 나갈 수 있도록 솔선수범하여 국민화합과 사회통합에 더욱 기여해야 합니다. 우리 대학은 남을 이해하고 공동체를 우선하는 인간존중의 가치를 굳건히 정립하고 이를 실천하는 일을 게을리해서는 안될 것입니다.

구성원의 헌신과 참여

우리에게 당면한 이와 같은 과업에 접근하기 위해 서울대학교의 모든 구성원들은 견고한 하나의 공동체로 거듭날 수 있게 최선을 다해야 합니다.

교육·연구 여건을 지속적으로 개선하고, 제도를 정비하는 것 못지않게 중요한 것은 구성원 모두의 적극적인 헌신과 참여입니다. 대학은 전체 구성원들의 열정과 의지, 그리고 소통 과정을 통해서 결실을 맺는 가치창조의 지적 공동체이기 때문입니다.

지금껏 우리가 자랑스럽게 여겨 왔던 서울대학교의 패기와 도전정신을 더욱 확고히 다질 때 '대학이 희망이다'라는 메시지가 더 폭넓은 공감대를 얻을 수 있을 것입니다.

인본주의적 과학기술 발전을 위한 대학의 책무와 과제

2012년도 베세토하(BESETOHA) 총장 포럼의 주제는 "과학기술이 인간 환경과 발전에 미친 영향(Impact of Science & Technology on Human Conditions & Development)"입니다.

이는 전 세계인에게 당면한 심오한 과제이기에, 대학의 역할을 새롭게 모색하는 과정에서 무엇보다 우선시해야 하는 주제이기도 합니다.

한국인의 과학기술에 대한 세계사적 성과

한국인들은 역사적으로 과학기술에 많은 관심을 가지고 있었고, 괄목할 만한 업적을 이루기도 했습니다.

첫째, 1377년에 세계 최초의 금속활자를 발명하여 불경(『직지심체요절』)을 인쇄했습니다. 흔히 알려진 독일의 구텐베르크의 금속활자 발명 시점(1450)보다 상당 기간 앞선 성과입니다.

둘째, 15세기에 조선 왕조의 세종대왕이 표음문자인 한글을 창제했습니다. 세종대왕과 집현전 학자들은 오랜 기간 언어를 과학적으로 연구해 왔습니다. 한글 창제과정에서 집현전 학자들이 중

이 글은 2012년 12월 14일 중국 북경대학에서 개최된 2012년 베세토하(BESETOHA) 총장 포럼에서 기조연설한 것을 수정한 것이다. 베세토하 총장 포럼의 기조연설문이기는 하지만, 과학기술 발전에 따른 부정적 측면을 극복한 인본적 과학기술 발전을 위한 대학의 역할을 제시하고 있다.

국의 음성학자들과 교류했던 사실 또한 한·중 글로벌 협력의 역사적 사례라고 볼 수 있습니다.

우리가 인간이기에 과학과 기술이 존재합니다

저는 '우리가 인간이기 때문에 과학과 기술이 존재한다.'는 당연한 명제로부터 논의를 시작하려 합니다.

인간은 살아가면서 여러 가지로 과학과 기술을 필요로 합니다. 그러므로 과학·기술이 지향하는 목표는 바로 생명가치의 존중이어야 합니다. 대학 또한 이러한 영역들을 연구하고 발전시킨다는 점에서 중요한 역할을 하고 있습니다.

생명가치는 첫째, 건강한 삶, 둘째, 생명의 연장, 셋째, 행복한 삶, 넷째, 사람 간의 상호존중 부분으로 나누어 접근할 수 있습니다.

인류의 진화와 진보, 그리고 번영은 과학과 기술이 발전해 온 과정과 크게 다르지 않습니다. 상하수도 시스템의 개발, 페니실린의 발견, 반도체(semiconductor)의 발명이 없었다면 오늘날 인류는 어떻게 살고 있을까요?

인간의 끊임없는 발견(discovery)과 발명(invention), 그리고 응용 및 확산 노력이 인류문명의 진보와 번영을 가져왔습니다. 이 과정에서 대학은 중요한 역할을 해왔습니다.

지혜롭게 연구하고, 발전시켜 나가야 합니다

과학기술의 발전이 오늘날 지구촌 사람들의 삶의 질을 향상시킨 것은 명백한 사실입니다. 그러나 과학기술의 발전이 긍정적인 면

북경대에서 개최된 BESETOHA 회의, 왼쪽부터 동경대 부총장, 필자, 북경대 총장, 하노이대 총장(2012. 12. 14)

(positive aspect)만 가져온 것은 아닙니다. 부분적으로 반드시 우리가 극복해야 하는 과제가 존재해 온 것 또한 부인할 수 없습니다.

가령 원자력 기술의 경우 평화적 목적으로 사용하면 인류의 소중한 에너지원이 되지만, 대량살상무기로 사용하면 인류를 파괴할 수 있을 정도로 큰 위협이 됩니다.

또한 전쟁과 갈등, 환경 파괴와 자원 고갈, 과도한 경쟁으로 인한 양극화 현상, 정신적 가치의 손상 등도 바로 과학·기술의 진보와 무관하다고는 할 수 없습니다.

사실상 한 나라가 모범국가인지 여부는 바로 과학기술의 부정적 측면에 대해 개선하고자 하는 노력이 얼마나 이루어지는지에 달려 있다고 해도 과언이 아닙니다.

과학기술은 무엇보다 더 지혜롭게 연구하고, 발전시켜 나가야 합니다. 그래야 진정한 선순환의 번영이 이루어질 수 있습니다. 과학기술은 물질적 가치뿐 아니라 정신적 가치까지 균형적으로 증대시킬 수 있게 연구되고 발전되어야 합니다.

인본적 가치 속의 과학기술 발전을 위한 대학의 역할

이런 문제적 흐름 속에서 대학의 역할은 필수적입니다. 대학은 과학의 탐구와 기술의 발전을 도모해야 하는 책무를 안고 있습니다. 지금껏 인류가 이룩한 업적 이면에는 꼭 대학이 있었습니다.

대학은 과학기술이 초래하는 부정적 측면을 개선하고 극복할 수 있게 끊임없이 성찰하며 연구해 나가야 합니다. 과학기술에 앞서 인문정신을 가지고 사람을 먼저 볼 수 있어야 합니다.

대학이 이러한 책무를 수행하기 위해서는 다음과 같은 점들을 반드시 염두에 두어야 할 것입니다.

첫째, 대학은 이성, 합리적 사고, 상호이해에 토대를 둔 인본(人本) 교육에 깊이 뿌리내려야 합니다.

둘째, 과학의 원리를 탐구·심화하고 인간의 근원적 가치를 더욱 중시하는 기반 교육을 강화해야 합니다.

셋째, 과학과 인간의 본원적 가치와 목표가 인류의 번영에 귀결될 수 있는 학제적, 융합적 교육·연구를 촉진해야 합니다.

넷째, 과학기술의 문제는 단기적 시각이 아닌 중장기적 시각에서 다루어야 합니다. 이 과정에서 신뢰와 인내가 필요합니다. 시장원리에만 의존해서는 안되며 공공적 책임영역에서 전개되어야 합니다.

다섯째, 이러한 인류의 공동목표에 접근하기 위해, 대학은 글로벌 협력을 활성화해야 합니다. 과학과 인간의 가치는 어느 한 나라에만 귀속되지 않는 인류의 보편적 가치이기 때문입니다.

여섯째, 대학공동체는 논의와 문제제기에 만족하지 않고, 구체적 실천방안을 찾아내고 실행하려는 용기를 가져야 합니다. 국민을 설득하고 정치과정에 적극적인 투입과 노력을 기울여야 합니다.

서울대학교는 내년 2월의 졸업식에 중국 최초의 노벨 물리학상 수상자이신 양전닝 박사님을 초대하여, 졸업 축사를 경청할 기회를 가지게 되었습니다. 이는 우리 서울대학교가 과학의 중요성, 국제협력의 새로운 지평, 그리고 아시아인의 자부심을 확인하고 확산하기 위한 것입니다.

서울대학교 총장의 역할론

오연천 총장은 취임 직후인 2010년 9월 15일 서울대학교 정치외교학부 총동창회 회보와의 지상 인터뷰를 통해 서울대학교 총장 역할론으로 '가교론'과 '앵커론'을 제시했다. 또한 대학의 역할과 관련하여 가치 통합과 사회통합을 역설하였으며, 2010년 10월 15일에 보도된 「서울대 동창회보 제391호 '동문을 찾아서'」에서는 예비신임론을 피력하였다.

● **허문명 부장:** 서울대 총장은 지성을 이끌어 간다는 책임감이 있을 것입니다. 말하자면 '지성 올림픽'의 한국 대표격이라고 할 수 있습니다. 서울대 총장의 역할은 종종 정치 총장, 행정 총장, 서울대발전 총장, 한국 최고대학의 총장이란 수준으로 인식되고 있는 것이 사실입니다. 세계 지식의 표준을 확립한다는 의미의 서울대 총장 역할론을 듣고 싶습니다.

▸ **오연천:** 대학은 국경을 넘어서 지식의 힘을 창출하는 데 최우선 과제가 있습니다. 물론 국가 간 경쟁 속에 정치, 경제와 같은 현실적인 제약들이 여럿 있습니다. 그러나 지식의 힘은 '공존', '공영', '공화' 등 지혜의 가치를 바탕으로 물리적 제약들을 극복할 수

이 글은 2010년 9월 15일 이루어진 서울대학교 정치외교학부 총동창회 회보와의 지상 인터뷰 내용과 2010년 10월 15일 보도된 「서울대 동창회보 제391호 '동문을 찾아서'」 인터뷰 내용 중 1개 질문에 대한 답변 내용, 그리고 2013년 11월 15일 보도된 조선일보의 「'최보식이 만난 사람' 오연천 서울대 총장 단독 인터뷰」 내용을 일부 발췌하여 재구성한 것이다.

있습니다. 이러한 정신세계의 향도는 비정신세계를 올바른 방향으로 이끌어 줄 원동력입니다. 이것이야말로 대학의 본령이고, 대학인의 사명입니다. 오늘날 세계는 다양한 가치들 간 대립을 경험하고 있습니다. 가치의 대립 속에서 새로운 통합을 지향하는 '가교'의 역할을 하는 것이 오늘날 대학의 역할입니다. 그리고 이러한 가교의 역할을 적극적으로 인도하는 '앵커'의 역할이 서울대 총장의 역할이라고 봅니다. 더불어 대학은 지적 사유의 방법론을 고민해야 합니다. 서울대의 발전은 지적 세계의 한 축으로서 대한민국과 아시아 그리고 세계의 발전에 가교 역할을 할 수 있어야 합니다.

● 훔볼트 총장 같은 세계적으로 또 역사적으로 길이 남는 총장이 되시길 바랍니다. 역사에 남는 대학 총장들은 어떤 분들이 계실까요. 총장님의 역할 모델일 수 있는 분이 있다면 어떤 분일까요. 세계적으로든 국내적으로든 말입니다.

▶ 저는 역사에 남는 총장이 된다는 생각을 해본 적이 없습니다. 저에게는 그런 역량이 있다고 생각하지 않습니다. 저에게 주어진 책무를 성실하게 이행하는 것이 저에게 부여된 과업입니다. 미국 하버드대의 제임스 브라이언트 코넌트(James Bryant Conant) 총장이란 분이 계십니다. 1959년 총장 취임 후 하버드대 입학생의 출신을 분석했습니다. 놀랍게도 신입생의 95퍼센트가 하버드대 졸업생들의 자녀란 점을 알게 됩니다. 문제의 심각성을 인식하고 입시 제도를 바꿨습니다. 세습화된 기성 엘리트를 새로운 엘리트로 대체하자는 것이었습니다. 가능성 있는 인재들을 뽑아 능력 있는

인재로 육성하는 것을 하버드대의 교육으로 하자는 것이었습니다. 코넌트 총장의 노력으로 1950년대까지 기성 엘리트들이 장악해 온 아이비리그는 1960년대부터 변화하기 시작했습니다. 당시 자립의지가 있고 가능성 있는 인재들이 아이비리그에 들어오면서 오늘날 미국의 힘이 됐다는 분석에 우리는 귀를 기울여야 합니다.

● 민주주의를 상처 내는 지적 도전으로는 이념주의, 편 가르기, 이분법 등이 있을 것입니다. 한국의 지성, 혹은 세계의 지성들이 스스로를 진화시키기 위해 취해야 할 태도는 무엇입니까?

▸ 이념주의, 편 가르기, 이분법이야말로 우리 사회가 극복해야 할 중요한 문제입니다. 국민소득이 2만 달러라도 이 부분을 극복한다면 3만 달러의 가치를 넘어서는 사회적 가치를 가진 것과 다름없다고 생각합니다. 그렇다면 문제 해결을 위한 가치는 무엇일까 고민해 봤습니다. 그 답은 상대방의 가치를 존중해 주는 문화가 정착되어야 한다고 봅니다. 우리는 소통의 과정 속에 일정한 합의를 향합니다. 그리고 합의의 과정 속에 순응을 해야 합니다. 상대주의는 이러한 합의와 순응 과정에서 본원적인 가치를 도출해 낼 수 있습니다. 아직까지 우리 사회에 이러한 합의를 통한 상대적 우위를 선택하는 전통이 확립되지 못한 데는 신뢰 부족을 꼽을 수 있습니다. 신뢰 부족을 극복하기 위해 사회적 강자(정치적 · 경제적 · 지적)들의 역할이 무엇보다 중요합니다. 사회적 강자들은 사회적 약자들에게 더욱 배려하고, 사회적 약자들의 이야기를 더욱 경청해야 합니다. 이러한 상호작용이 전제되어야 신뢰가 형성됩니다. 이

러한 신뢰를 바탕으로 상대방을 서로 존중하고 이해하는 '더불어 사는 공동체'의 가치는 빛을 발할 수 있습니다.

● 총장후보 선거 1차 투표에서 과반수 이상의 득표를 하셨는데, 원동력은 무엇이라고 보십니까? 자평해 주신다면?

▸ 투표에서의 당선은 예비신임이라고 생각합니다. 주사위를 던져서 우발적으로 일어난 결과라고 생각합니다. 진정한 신임은 구성원들이 임기 중 선임된 총장을 신뢰할 때 확인됩니다. 그리고 서울대의 가치 창조 노력이 일정한 성과를 거둘 때 신임이 시작된다고 생각합니다. 지금 총장 자리에 앉아 있지만 저를 신임해 주신 원동력은 제가 서울대에 대한 애정과 애착을 가지고 말보다는 실천적이고 구체적인 노력을 기울일 것을 기대했기 때문이라고 봅니다. 저는 이번 선거의 결과가 저에 대한 예비신임이라고 생각하며, 앞으로 제대로 직무를 수행하라는 구성원들의 명령이라고 생

오연천 총장은 2013년 11월 15일 조선일보에 보도된 「'최보식이 만난 사람' 오연천 서울대 총장 단독 인터뷰」를 통해 서울대의 사회적 책무에 대한 인식을 밝히고, 그동안의 총장으로서의 역할 수행에 대해 스스로 다음과 같이 평가했다.

"총장 임명장을 받을 때 '이는 예비 신임이다'라고 생각했다. 진짜 신임은 직무 수행을 통해 이루어진다고 봤다. 교육기관을 대표하는 사람은 주어진 직분을 묵묵히 수행하는 게 옳다고 생각했다. 더욱이 대학 안에는 나와 다른 생각을 가진 교수들이 많다. 내 발언이 어떤 이들에게는 곡해될 수 있다. 이 때문에 지금껏 언론 인터뷰를 한 적이 없다."

각합니다.

● 총장께서는 취임식에서 "서울대는 자신을 낮추고 사회적 약자를 배려할 줄 아는 따뜻한 심성을 갖춘 바른 인재를 길러 내야 한다.", "사회의 어두운 구석을 되돌아보는 진지한 인간애를 발휘했는지, 학교 명성에 안주하는 예비 기득권층을 양산한 것은 아닌지 돌아봐야 한다."라는 내용의 연설을 했습니다. 3년 전 취임사의 효과가 나타나고 있습니까?

▶ 나름대로 노력을 하고 있지만, 이런 변화는 단기적으로 뚜렷하게 나타나지는 않을 것입니다. 양극화된 우리 사회를 극복하는 것은 단순히 정부의 책임만이 아닙니다. 정치적·경제적·정신적으로 더 많이 가진 자, 소위 '강자'(强者)들이 그렇지 않은 약자들에게 배려하고 나누어 주는 것이 중요합니다.

● 한때 일각에서는 '서울대 망국론', '서울대 폐지론'을 제기하기도 했습니다.

▶ 서울대는 우수한 인재를 배출해 국가적 기여를 했음에도 불구하고 '기득권과 입신양명을 추구하지 않느냐'는 일각의 비판을 받고 있습니다. 그런 시선이 사실과 다르더라도 겸허하게 받아들이고 사회적 책무를 다해야 합니다.

● 총장께서 생각하시는 서울대의 사회적 책무는 무엇인가요?

▶ 서울대 출신은 더 많이 배웠고 더 많은 혜택을 받은 만큼 우

리 사회가 올바른 방향으로 가도록 할 책임이 있습니다. 물론 대학의 본업이 학문 연구와 전수에 있다는 것은 말할 필요가 없습니다.

• 서울대 총장을 처음 맡으셨을 때 하시려고 마음먹은 대로 지금 이뤄지고 있으신지요?

▸ 어느 직책을 막론하고 그 역할에 대해 애초 생각했던 것과 실제 수행을 해보면 달라지지 않겠습니까.

• 어떤 서울대를 만들어 보고 싶으셨나요?

▸ 총장이 제한된 임기에 대학을 어떻게 바꾸겠다고 하는 것은 어폐가 있습니다. 대학은 전통 속에서 지속적으로 발전하는 것입니다. 총장의 역할은 그 시대의 과제를 수용하고 실천하는 데 있다고 봅니다.

• 서울대를 이끌어 가시면서 어떤 점이 가장 아쉬웠나요?

▸ 어떤 정책을 수행할 때 그 내용의 본질보다 그걸 이해시키고 동의를 만들어 내는 과정이 더 중요하다는 걸 깨달았습니다. 나의 입장과는 다른 생각을 가진 분이 많고, 서울대 법인화 과정에서 반대했던 분들이 꽤 있습니다. 이들을 좀 더 이해시키고 공감대를 만드는 노력을 더 기울였어야 하는 데 아쉬운 점이 많습니다. 내용보다 과정이 훨씬 더 중요했습니다.

• 설득 노력을 해도 잘 안됐었나요?

▸ 자신의 의견에 동의하는 분들이 있어 일을 추진하지만, 자신을 반대한 사람에게도 지지 세력이 있다는 걸 잊어서는 안됩니다. 반대자들로 하여금 나를 따르도록 할 수는 없어도 최소한 나를 이해시키려는 노력은 해야 합니다. 그렇게 하려면 나 스스로도 반대 주장에 대해 '그럴 수 있다'고 이해해야 합니다.

서울대학교의 책무와 새로운 발전의 패러다임

'함께하는 미래' 구현을 위한 서울대의 새로운 역할 패러다임

오늘이 있기까지 갖은 어려움을 감내하면서 묵묵히 서울대학교의 역사를 일구어 오신 모든 분들께 깊은 감사와 경의를 표합니다.

개교 이래 서울대학교의 발전상은 새삼 말씀드릴 필요가 없을 것입니다. 해방 직후의 혼란과 전쟁의 폐허 속에서는 물론 한국경제가 급속하게 성장할 때도 국민들이 한결같이 지원해 주시고 격려해 주신 점이 오늘의 서울대학교를 있게 했다고 믿습니다.

이제는 서울대학교가 한국 사회의 더 밝은 미래를 만들어 가는

이 글은 2010년 10월 15일에 거행된 제64주년 개교 기념식의 총장 축사다. 총장 취임사에서 제시한 '대학이 희망이다'라는 화두와 연계하여 '함께하는 미래'를 위한 과제와 서울대의 역할에 관한 생각을 피력하고 있다.

데 앞장설 때가 되었으며, 저는 우리 구성원 모두 마음의 준비가 되어 있다고 확신합니다.

우리 사회의 새로운 도전과 대학의 역할

우리 사회와 대학이 남이 부러워할 정도로 진전된 위상을 일궈 왔지만, 지금 우리는 많은 불확실성을 안고 있습니다. 세계의 정치·경제적 질서가 변화하고 있고, 많은 사람들이 불안감을 토로하고 있습니다. 우리 안에서도 가치관이 충돌하고 있고, 국가적 성장 잠재력에 대한 낙관적 전망이 자리잡기 어렵습니다. 이런 때일수록 멀리 내다보는 지혜가 절실합니다. 그것이 바로 대학이, 특히 서울대학교가 맡아야 할 역할이라고 생각합니다.

오늘 개교기념일을 맞이하여 저는 다시 한 번 '대학이 희망이다'라는 말을 강조하고 싶습니다. 지금 우리 대학은 미래를 한 발 앞서 비전을 모색하고 국가와 사회가 지금까지 보여 준 지원과 기대에 보답할 길을 찾아야 하겠습니다.

미래를 내다보는 것은 결코 쉬운 일이 아닙니다. 이를 위해서는 냉철한 자기비판의 정신이 필요합니다. 필요한 변화를 실행하는 용기와 결단력이 필요합니다.

이를 바탕으로 지금의 상황을 개선해야 합니다. 학부 교육을 내실화해서 글로벌 리더십을 갖춘 참 일꾼을 양성하는 데 주력해야 합니다. 후속 학문세대를 우리 스스로 양성해서 미래의 학문적 가치를 창조해야 합니다. 연구 부문에 대한 혁신적 시스템을 구축하여 국가적 성장 동력을 이끌어 낼 뿐 아니라 그 성과를 국내·외의 대학과 세계시장에 전파해야 합니다.

특히 기초과학과 첨단기술 분야에서도 서울대학교는 더욱 관심을 가지고 연구 개발에 앞장서고 있습니다. 세계적으로 주목받고 국민들에게 더욱 사랑받기 위해 서울대학교는 이러한 노력들을 멈추지 않을 것입니다.

함께하는 미래를 위한 서울대의 역할

오늘 제 64주년 개교기념일을 맞이하면서 한 가지 더 생각해야 할 점이 있습니다. 그것은 우리가 짊어지지 않으면 안되는 사회적 책무입니다. 서울대학교는 우리만의 대학이 아닙니다. 민족의 대학이며 세계인의 대학입니다.

이를 위해서 우리는 먼저 '남이야 어떻게 되든 우리만 잘 되기를' 바라는 집착과 이기심을 버려야 합니다. 그래서 저는 '함께하는 미래'를 제안하고자 합니다.

대학이 가진 가장 소중한 힘은 정치적 입장을 뛰어넘어 지식의 힘을 창출하는 것입니다. 지식의 힘이 공존, 공영, 화합 등 지혜의 가치에 뿌리를 내릴 때, 정치적·이념적·사회적 제약을 극복할 수 있는 근원적 힘을 마련할 수 있습니다.

대학은 국가 간, 사회 내에서 가치의 대립으로 갈등이 빚어질 때, 정신적 통합을 통한 가교의 역할을 수행해야 합니다. 서울대학교 졸업생과 구성원들이야말로 이익집단이나 기득권의 입장에서 사고하고 행동할 것이 아니라 사회의 어려운 점들을 먼저 생각하고, 낮은 자리에서 더불어 고충을 나누고 극복할 수 있는 열린 인재가 되어야 합니다.

법인화로 인한 대학체제 전환과 본질적 가치 구현을 위한 노력

우리는 지금 '법인화'라는 대학체제 전환의 과업에 직면해 있습니다. 지금 국회에서 이에 관한 법률안을 심의중이므로 결과를 지켜보아야 합니다. 중요한 것은 법인화 자체가 아니고 법인화의 기본정신과 장점을 극대화할 수 있는 시대정신이며, 구성원 모두가 끊임없는 자기 혁신에 임해야 한다는 것입니다.

법인화로 인해 발생할지도 모르는 학내 구성원의 이해 상충 등 어두운 면을 예방할 수 있게 준비되어야 합니다. 서울대학교 가족들 사이에 신뢰로 충만한 통합의 장을 마련하지 않으면 안됩니다.

대학 법인화는 우리만의 문제가 아니고 모든 국립대학의 미래를 결정하고, 나아가서는 다음 세대의 대학 교육의 비전을 읽을 수 있는 작업이어야 합니다. 우리는 안으로는 대학의 자율과 창의를 살림으로써 구성원의 역량을 극대화해야 합니다. 뿐만 아니라 여기에 그치지 않고 우리나라 대학 교육 중흥의 표상이 될 수 있는 모범적인 사례를 이끌어 내야 합니다. 이를 위해 우리 구성원들은 혼신의 노력을 함께해야 합니다.

지금 대학교육의 현장에서는 성적이 우수한 학생들을 유치하기 위해서 치열한 경쟁이 벌어지고 있으며, 많은 학생과 학부모들이 사교육의 부담으로 고통 받고 있습니다. 우리가 언제까지나 이 문제를 방치하고 있을 수는 없습니다. 그간 서울대학교는 다양한 노력을 펼쳐 왔지만, 우리만의 노력으로는 도저히 해결할 수 없음이 분명합니다.

'함께하는 미래'의 구현과 패러다임의 전환

획일적 기준으로 우수한 학생을 많이 선발해야 한다는 고정관념을 버리고, 가능성 있는 학생을 선발할 수 있는 길을 찾아 나서야 할 때입니다. 이를 위해서 저는 대학들 간의 협조체제를 만드는 데 앞장서겠습니다. 많은 대학들이 머리를 맞대고 함께 고민하는 기회를 만들어 '함께하는 미래'를 공동으로 설계하고 실천하는 데 주저하지 않겠습니다.

서울대학교는 지금까지 국제화 부문에서 많은 성과를 이루어 냈습니다. 그러나 지금 우리를 둘러싼 국제질서의 변화와 아시아권의 부상을 관찰하면서 국제화의 패러다임도 변화되어야 합니다. 우리의 교류 및 협력 대상을 다변화하면서 아시아 특유의 학문적 담론과 한국의 독자적 가치를 창출하지 않으면 안됩니다.

그러기 위해서 서울대학교는 아시아 대학들 간의 학문적 가치 창조의 허브로 격상되어야 합니다. 아시아가 서울대학교로 오면 전 세계가 따라 옵니다. 그것이 오늘날 변화하는 세계 질서를 앞서 나가는 길이며, 그것이 서울대학교를 세계의 대학으로 만드는 첩경이라고 믿습니다.

'함께하는 미래'는 우리가 사회적 책임을 통감하고 헌신을 각오할 때에 그 길이 열릴 것입니다. 오늘 개교 64주년을 맞이하여 저는 모든 서울대학교의 가족들을 향해 이 작업에 동참해 주실 것을 간곡히 당부 드립니다. 우리가 서로 신뢰하면서 협조하고, 주변을 향해 관대한 자세를 취한다면 서울대학교의 미래는 한층 밝아지게 된다고 굳게 믿습니다. 그것은 곧 국가의 밝은 미래를 준비하는 길이 될 것입니다.

'희망의 구심점'으로서 서울대학교의 사명과 자세

서울대학교의 역사를 되돌아보면, 그 척박하던 시기에 우리의 선배들이 품었던 비전과 이를 실현하기 위해 기울였던 혼신의 노력에 새삼 경탄하게 됩니다. 전쟁 직후의 폐허 속에서도 그들은 학문에의 열정을 잃지 않았고 더 자유롭고 더 잘사는 나라를 이루겠다는 꿈을 잃지 않았습니다. 덕분에 그 꿈이 실현되었습니다. 그 과정에서 우리 국민들은 이러한 노력을 전폭적으로 지원해 주었습니다. 이 모든 것이 더해져서 오늘날 서울대학교와 대한민국을 이루는 원동력이 되었습니다.

우리가 선배들을 자랑스러워하듯이 개교 100년, 150년을 맞아 우리의 후배들이 우리를 자랑스럽게 여기게 하려면, 오늘 이 순간에도 우리는 서울대학교의 발전을 위한 디딤돌을 쌓아 나가는 데 더욱 매진해야 합니다.

서울대에 부여된 시대적 소명

이러한 우리의 다짐은 대학의 사명을 올바로 인식하는 데에서 출발해야 할 것입니다. 대학은 인류에 기여하는 소중한 지적자산을

이 글은 2013년 10월 14일에 거행된 서울대학교 개교 67주년 축사다. 총장 취임사에서 제시한 '대학이 희망이다'라는 대학 역할 인식론과 관련하여 서울대학교가 '희망의 구심점'으로서의 역할을 수행하기 위해 해야 할 일을 제시하고 있다.

만들어 내고 가꾸어 가는 지성의 전당이어야 합니다. 또한 대학은 타산적 이해관계와 정파적 논란에서 벗어나 공동체의 보편적 가치를 직시하고 미래를 준비하는 지혜의 원천이어야 합니다. 지식과 정보가 범람할수록, 사회경제적 구심점이 흔들릴수록, 지성의 전당이자 지혜의 원천인 대학 본연의 사명을 합당하게 수행해 나가야 합니다. 이는 우리에게 부여된 시대적 소명입니다. 이럴 때 서울대학교는 우리 사회의 '희망의 구심점'이 될 수 있습니다.

시대적 소명을 이행하기 위한 우리의 자세

낡은 지식의 틀에 갇혀 기존의 성취에 안주하는 태도로는 이런 사명을 완수할 수 없습니다. 기초학문의 가치를 분명히 인식하면서 더욱 가치 있는 학문 탐구를 제약하는 일이 없도록 늘 열린 자세를 유지해야 할 것입니다. 인류에 기여할 수 있는 세계 수준의 연구역량 강화에 진력하는 한편, 산학협동과 지식 확산을 통한 사회 기여에도 힘써야 합니다. 올해 서울대학교는 국내 대학 최초로 글로벌사회공헌단을 발족했고, 개도국 대학교수들에게 학위를 부여하는 '한국판 풀브라이트(Fulbright) 사업'을 착수했습니다. 우수한 인재들에게 예측가능한 자기실현의 길을 제시하고 이를 뒷받침함으로써 학문후속세대를 양성하는 것도 빼놓을 수 없는 우리의 임무입니다.

우리 학생들 역시 보다 긴 호흡으로 자신의 진정한 꿈을 발견하고 의연하게 이를 추구할 것을 기대합니다. 개인과 사회의 발전을 가져오는 것은 그 구성원들이 가진 열정과 끊임없는 헌신이었음을 우리 대학의 역사가 입증하고 있습니다. 우리 대학 구성원들이 전문지식과 함께 사회적 약자에 대한 공감능력과 견고한 공동체정신을 동시에 갖춘 진정한 인재로 성장하길 기대합니다.

팀 플레이 정신

우리 모두 반기문 총장님께서 강조하신 "열정은 성공의 출발 과정이며, 나눔은 성공의 완성"이라는 교훈을 깊이 기억하도록 합시다. '멀리 가려면 함께 가라'는 파트너십(Partnership) 정신은 우리에게 소중한 자산이 될 것입니다. 저는 완벽한 사람들이 모여 불완전한 팀을 만들어서는 안된다고 믿습니다. 불완전한 구성원일지라도 완벽한 팀을 만들려는 팀 플레이 정신을 구현합시다.

개교 67년을 축하하는 오늘 이 자리가 서울대학교의 사명을 다시 한 번 다짐하는 기회가 될 것입니다. 서울대학교가 우리 사회의 번영과 행복에 기여하는 지성의 전당이자 지혜의 원천으로서 국민으로부터 존경과 사랑을 계속 받을 수 있도록 꾸준히 함께 노력합시다.

서울대학교의 새로운 비전과 발전 전략

• 총장 취임을 축하드립니다. 현재 구상하고 계신 서울대학교 발전방향은?

▸ 2010년의 현 시점에서, 대한민국의 위상에 걸맞는 대학의 역할이 있다고 생각합니다. 서울대에 대한 국민의 기대를 생각할 때 우선 첫째로, 서울대가 학문적 가치창조 기관으로 새롭게 태어나야 한다고 생각합니다. 이를 위해 우선 학문후속세대를 양성할 수 있는 기반을 견고히 해야 한다고 생각합니다.

둘째, 나라가 있고 대학이 있으며, 서울대가 있다고 봅니다. 국가와 국민적 기대에 부응하는 것이 가장 중요합니다. 교수·학생이 각자 노력해서 당당하게 서울대인의 역할을 할 수 있지만, 여기에 머물러서는 안 되고 국가에 얼마나 헌신하고 나눌 수 있는지가 중요합니다.

기존에 부여된 서울대 인재형의 유형을 새롭게 인식해야 할 필요가 있습니다. 지금까지 서울대인은 자기중심적이라고 비판받았습니다. 지식을 통한 가치창조가 왜 필요하고 명예로운 것인지를 알고 국가발전에 기여할 수 있는 노력을 기울여야 합니다. 지식의 힘이 지혜의 힘으로 연결될 수 있도록 이제는 국민으로부터 사랑

이 글은 2010년 10월 15일에 보도된 서울대 동창회보 제391호 '동문을 찾아서' 인터뷰 내용 중 서울대학교의 새로운 비전과 발전 전략에 관한 내용만을 발췌하여 재구성한 것이다.

받는 서울대로 나아가기 위해 다양성을 존중하고, 겸손과 배려를 통해 나눌 줄 아는 인재를 길러내야 합니다.

셋째, 기존 국내 대학과의 경쟁적 시각에서 벗어나 국제적 시각을 가지고, 아시아 중심권 대학으로서 서울대의 역할을 생각해야 합니다. 우리는 중국, 일본, 개도국 간에서의 한국의 역할을 모색해야 할 것입니다. 한국적 가치, 아시아 중심권의 가치를 고민하고 구체화하고 실천해야 합니다.

● 취임사에서 계량화된 외형과 수치에 만족해서는 안된다는 말씀을 하셨습니다만, 어떻게 보시는지요?

▸ 많은 분들이 대학이 글로벌화되어야 한다고 하시는데 저는 대학의 본원적인 가치구현 및 역할의 무대가 곧 세계라고 봅니다. 대학평가의 순위나 외형적 수치에 연연하지 않아야 합니다.

서울대는 종합대학으로 22개 대학·대학원이 있는데 교수는 교수로서 본연의 길을 가야 하는 게 우선입니다. 평가에 주의를 기울여야 하지만, 결과에 일희일비(一喜一悲)하지 않고 충실히 학생들을 교육하고 연구해야 할 것입니다.

항상 자기 성찰의 노력을 하고 본연의 역할에 헌신하고 매진할 때 추가적인 새로운 가치창조의 역할이 가능할 것입니다. 한국이 가진 자원이 무엇일까요? 저는 인재라고 생각합니다. 인재는 숫자가 많은 것이 중요한 것이 아닙니다. 대학의 역할은 다양한 가치를 지닌 인재를 키워 내고, 그들이 올바른 방향으로 가게 하는 것입니다.

• 총장님께서 말씀하신 학문적 가치창조라는 것은 연구중심대학의 의미로 보이는 데 앞으로 서울대의 역할에서 연구가 더욱 중요시된다는 말씀이신지요?

▸ 우리나라의 경제발전 단계는 개발연대, 탈개발연대를 거쳐 현재는 상당한 수준의 국가경쟁력을 갖춘 단계입니다. 연구중심의 교육흐름은 개발연대 후반기에 이루어졌습니다. 연구중심대학이란 말은 개발연대 후반기를 지나며 연구의 자립성을 확립하고, 우수한 인재를 양성하자는 취지에서 나왔습니다.

사실 어떻게 보면 연구중심대학이란 말은 어폐가 있습니다. 새로운 창조적 가치를 만드는 것이 연구이고, 그것을 잘 전달하는 것이 교육입니다. 교육과 연구를 따로 떼어 놓을 수는 없습니다. 연구가 중요하다고 생각하는 이유인 즉, 교육은 훌륭한 연구 성과를 바탕으로 이루어진다고 보기 때문입니다. 왜냐하면 교수들은 연구결과를 학생들에게 가르치고, 바로 전달하여 교육하기 때문입니다. 이런 의미에서 저는 교육과 연구는 함께 가는 것이라고 생각합니다.

• 대학 졸업 후, 현장에서 바로 일할 수 있는 인재를 만들어야 한다는 의견도 있는데 서울대는 어떤 인재를 길러 내야 한다고 보십니까?

▸ 대학의 역할을 한 가지 맥락(context)으로 말하기 힘들 듯이 서울대 인재양성 방향에 대해 한 가지 조건으로 설명하기는 어렵다고 봅니다. 다만 서울대인이라면 첫째, 건강한 시민으로서의 역할을 해야 한다고 생각합니다. 둘째, 그러기 위해서 서울대학교는

학문 후속세대를 지속적으로 양성해 나가야 합니다. 셋째, 그것들을 통해 서울대학교는 사회에 이바지할 수 있는 인재를 양성해 나갈 것입니다.

• 서울대는 국민들이 가장 많은 관심을 보이는 대학 중에 하나인데요. 서울대 학생선발과 관련해 입시제도의 개선이라든가, 정원감축 등에 대한 의견은 어떠신지요?

▸ 학생을 잘 선발하는 것도 중요하지만 잘 가르치는 것이 더욱 중요합니다. 획일적인 선발보다 객관성을 갖고 가능성 있는 사람에게 기회를 주는 것도 필요합니다.

서울대학교는 국립대학입니다. 사회적 소외계층에게 희망의 메시지를 주고 기회를 주는 일이 또한 주요 역할이 되어야 할 것입니다.

서울대는 대학의 목표가 KAIST, POSTECH과 동일하다고 생각하지 않습니다. 각 대학이 추구해야 할 가치가 있고 배워야 할 가치가 있다면 포용하고 긍정적으로 수용할 수 있는 것이 중요합니다.

서울대학교의 사회적 책무

– 우정 글로벌사회공헌센터의 건립 –

제가 여러 기공식·준공식에서 축사를 했습니다만, 오늘처럼 정중하고 장중한 분위기는 처음입니다. 그것은 아마도 오늘 우정 글로벌사회공헌센터 준공이 갖는 깊이와 의미를 확인해 주는 것이라고 저는 생각하고 있습니다. 오늘은 저희들의 사회적 책임을 다시 한 번 일깨우고 우리의 책무를 확인하는 자리입니다. 또한 더 나아가 우리의 실천을 다짐하는 소중한 자리라고 생각합니다.

사회적 책무를 다할 때 완성되는 서울대학교의 자부심

서울대학교는 우수한 학생들을 갖고 있습니다. 또 누가 뭐래도 우수한 교수와 직원을 갖고 있습니다. 그러나 곰곰이 생각해 보면 "과연 스스로 우수하다고 자부할 수 있겠는가."라는 물음이 생깁니다.

우리 스스로 자부심을 갖게 된 근거가 무엇인지 냉정하게 돌아보아야 합니다. 우리가 만들어 낸 우수한 성과를 사회에 환원하고 공동체와 더불어 나눌 수 있을 때, 비로소 그 자부심이 타당하다고 할 수 있을 것입니다. 우리 안에 공동체를 위하는 마음이 가

이 글은 2013년 6월 19일에 개최된 '우정 글로벌사회공헌센터 건립·기증식'의 축사다. 우정 글로벌사회공헌센터는 주택건설 전문기업인 부영그룹 창립자인 우정 이중근 회장이 서울대학교에 기증한 것이다.

득할 때 서울대학교가 가지고 있는 존재가치는 더욱 빛을 발할 것입니다.

사실, 서울대학교의 사회적 책무에 대한 인식이 많은 공감대를 형성하게 된 것은 그리 오래되지 않았습니다. 서울대학교 구성원들이 이러한 사회적 책무의 일환으로 사회공헌에 매진해야 한다는 염원에 응답해 주신 분이 바로 우정 이중근 회장님이십니다.

우정 글로벌사회공헌센터 건립의 의의

사실 2년 반 전에 공교롭게도 이 회장님을 시내에 있는 롯데호텔에서 뵈었습니다.

회장님께서 워낙 사회공헌활동에 열심이시기 때문에 저는 이 기회에 '문안인사를 좀 드려야겠다.'는 생각을 했습니다. 그러나 회장님께서는 오히려 "무슨 일을 하는 것이 바람직한가?"라고 계속 물으셨습니다. 저는 아무런 준비도 없이 나갔습니다. 다행히 제가 면접시험에서 최소한 'B'는 맞은 것 같습니다. 며칠 뒤 회장님께서 "서울대학교에 소중한 자산을 출연하시겠다."는 의지를 보여주셨습니다. 이런 회장님의 응답이 오늘의 우정 글로벌사회공헌센터의 준공으로 이루어진 것이라고 생각합니다.

여기에는 몇 가지 갱신된 기록이 있습니다. 첫째, 회장님과 면담을 하고 또 아무런 준비 없이 뵈었는데 서울대학교에 소중한 자산을 출연해 주시기로 한 결심, 결의가 가장 짧은 기간에 이루어졌습니다. 둘째, 소위 '사회공헌'이라는 개념을 국내의 사회공헌과 개도국과의 개발협력이라는 두 가지로 나누어 정립한 것 또한 이

우정 글로벌사회공헌센터 준공식에서 시삽하는 필자, 이중근 회장, 이기수 고려대 총장(왼쪽부터) (2013. 6. 19)

번이 처음일 것입니다. 셋째, 대학내에 사회공헌 자체를 유일한 목표로 건축물이 지어진 것 또한 서울대학교 우정 글로벌사회공헌센터가 처음입니다.

하나 더 있습니다. 준공식에 앞서 우정 글로벌사회공헌센터의 책임자가 임용된 것입니다. 여기 앉아 계신 김성환 전 외교부장관께서 준공식 전에 임용을 받으시고 활동하고 계십니다. 이렇게 몇 가지 기록갱신을 하면서 오늘 서울대학교 우정 글로벌사회공헌센터가 문을 열게 되었습니다.

회장님께서는 전라남도 순천의 어려운 집안에서 태어나셔서 주택건설 사업으로 일가를 이루셨습니다. 그렇게 열심히 일하고 고생하신 자산으로 회장님께서는 국내 학생들에게 장학금을 주는 것은 물론이고 기숙사, 노인정, 보건소 등 우리 사회의 어려운 곳에 많은 사회적 공헌을 하시고 계십니다.

뿐만 아니라 여기에 그치지 않고 동남아시아와 최근에는 아프리카 지역까지 확대하여 그동안 축적하신 기업 가치를 어려운 사람들에게 나눠 주고 계십니다. 제가 알기로는 개도국에 600여 개의 초등학교를 지어 학교시설, 풍금, 피아노 등을 전달하신 것으로 알고 있습니다.

글로벌사회공헌센터를 기반으로 한 서울대의 사회적 책무

국내공헌뿐 아니라, 개도국과의 국제공헌에도 전력을 다하시는 회장님의 모습을 볼 때, 그 열정의 원천이 어디에 있는지 몹시 궁금할 정도입니다. 새로운 우정 글로벌사회공헌센터는 곧 회장님의 뜻과 정신, 그리고 가치를 배우고 실천해야 한다는 책무를 우리에게 일깨우는 지침이 되어 줄 것입니다.

우정 글로벌사회공헌센터가 우리 주변의 이웃들과 여러 나라들을 진정으로 돌보고, 대한민국의 가치를 더 드높일 수 있게 서울대학교 구성원들 또한 최선을 다해야 할 것입니다. 그런 의미에서 오늘의 준공식은 우리 모두 자축하는 자리이고 각오를 다지는 자리입니다. 또 우리의 미래를 약속하는 엄숙한 자리일 것입니다. 거듭 이중근 회장님의 서울대학교에 대한 기대와 공헌에 감사드립니다.

서울대학교 법인화의 의의와 가치에 대한 인식

국립대학법인 서울대학교로의 새로운 출발의 의의

서울대학교는 2012년부터 국립대학교 법인으로 전환되었습니다. 국립대학법인 출범은 보호와 규제를 근간으로 하는 국가주도의 국립대학 체제에 안주해서는 세계 유수대학들과의 대등한 경쟁이 어렵다는 절박한 현실 인식에 기초합니다. 국립대학법인 서울대학교 설립이 소위 민영화나 사립대학 체제로 전환을 의미하는 것은 결코 아닙니다. 서울대학교는 앞으로도 국립대학으로서 담당해야 할 국가적 책무를 보다 성실히 수행할 것입니다.

이 글은 2012년 3월 3일 미국 LA에서 미주총동창회원들을 대상으로 실시한 특별강연회의 내용을 일부 발췌하여 재구성한 것이다.

서울대학교 법인화의 의미

서울대학교 법인화법을 간단히 말씀드리면 '대학 자율화법'(university autonomy legislation)입니다. 이를테면 미국의 최고금융정책기관 연방제도이사회가 연방정부라는 울타리 내에 있지만 독특한 주권을 갖고 있는 최고금융정책결정기구인 것과 유사합니다.

많은 분들이 저를 만날 때마다 "서울대학교가 이제 사립대학이 되었기 때문에 얼마나 힘드십니까?", "돈 벌려고 애 쓰시는 거 아닙니까?"라는 말을 하시곤 합니다. 그런 말을 들을 때마다 저는 좌절감을 느낍니다. 그런 건 전혀 아닙니다. 국립서울대학교는 그대로 유지됩니다. 다만 그동안 교육부의 직할 기관이었던 서울대학교가 간접적인 규제대상 기관으로 바뀐 것입니다.

이제 서울대학교가 스스로 많은 것을 결정하게 됩니다. 서울대학교의 교수 채용이나 교과 과정, 행정 체계 등이 서울대학교 법인이라는 법적 체제 속에서 이루어집니다. 즉, 교육부로부터, 중앙정부로부터 상당부분 자율성을 갖는 것입니다. 그렇다고 모든 영역에서 자율성을 갖는 것은 아닙니다. 왜냐하면 법에 의해 국립대학이든 사립대학이든 지켜야 할 사항들이 존재하기 때문입니다.

법인화 이후의 정부 지원

많은 분들이 서울대학교가 법인화되면 정부로부터 예산 지원을 받는지 여부를 궁금해 하십니다. 과거와 똑같이 국고 예산을 받습니다. 국고로부터 돈을 그대로 받고 오히려 더 받으며 이를 보장하도록 법에 명시되어 있습니다. 작년까지 서울대학교가 정부로부터

3천 2백억 원 정도 받았지만 올해(2013)는 정부출연 예산으로 3천 6백억 원 정도를 받았습니다.

진정한 대학의 자율성은 재정적인 예측 가능성과 안정성이 확보될 때에야 비로소 가능합니다. 그러므로 "정부로부터 돈을 받는데 왜 자율성을 갖느냐"라는 논리는 설득력이 없습니다. 오히려 대학이라는 학문·연구기관은 국민의 세금에서 일정한 비율의 재원이 확보되고, 정부로부터 그것을 지원받을 때 실질적인 자율성이 보장되는 것입니다.

원래 법인화가 되기 전에도 학문 영역에서의 자율성은 충분히 보장되어 있었습니다. 그러나 법인화가 되면서 이제 운영상의 자율성도 상당부분 얻게 된 것입니다. 그러면서 재정에 대한 보장 장치도 마련된 것입니다.

법인화 이후의 서울대 위상

법인화가 되었기 때문에 서울대학교가 갑자기 위상이 변화되는 것은 아닙니다. 다만 서울대학교가 스스로 결정해서 자원 배분의 효율성을 기하게 되면, 전보다 가치 있는 학문적 역할을 수행하고 확산시킬 수 있게 됩니다.

오히려 이제부터는 서울대학교의 교수들이 보다 더 분발해야 합니다. 자율성이 부여된 만큼 그에 상응하는 사회적 책무를 완수해야 합니다. 그동안은 미국이나 유럽, 일본에서 지식을 배우고 이를 학생들에게 전달해 온 부분도 많습니다. 그런 과정을 거쳐 오늘날의 대한민국 고등교육의 경쟁력이 확보되었다는 사실 자체는 대단히 경이적인 일입니다. 그러나 이제는 우리가 스스로 각 학문 분야에서 가치를 창조해서 아시아 국가는 물론 유럽과 미국에도 전파할 수 있어야 합니다. 그 출발점이 바로 서울대학교가 되어야 합니다.

사회적 가치 창출에 기여

서울대학교 구성원들은 이제 머리가 좋고 배워서 잘 전달하는 것을 넘어 더 겸손하면서 사회적 가치를 만들어 낼 수 있어야 할 것입니다. 머리가 우수하기보다는 마음이 넉넉한 사람, 남을 배려하는 사람, 진정으로 사회에 기여하는 사람이 되어야 합니다.

서울대학교가 다른 대학교와 다른 점이 무엇입니까? 바로 보다 더 보편적인 가치, 보다 더 사회적인 가치, 보다 더 국가적인 가치를 놓고 고민하고 연구하며, 공동체에 기여하되 자랑하지 않는 것이 곧 차이점일 것입니다.

이제는 서울대학교 교수들이 지식인으로서 사명감을 한단계 높게 가지고 나아가야 합니다. 다양한 가치를 만들어서 국내외 대학에 영향을 미칠 수 있는 시스템을 창출해야 합니다. 그러한 전환점이 될 법적 장치 중의 하나가 바로 법인화입니다. 자율화법이라고 하면 법인화의 개념이 정확하게 전달될 것입니다.

서울대학교 법인화에 대한 총장의 생각

• 2012년 서울대 법인화가 중요한 변화였습니다. 국가공무원인 서울대 교수들의 신분에도 변동이 생겼습니다. 학생들은 "법인화가 되면 서울대 등록금이 올라간다."며 총장실을 점거하기도 했습니다.

▸ 당시 학생들은 '등록금 폭등'이라고 했습니다. 법인화를 시장적 메커니즘이 작동하는 민영화로 오해하는 경우가 많았습니다. 사립대처럼 바뀌는 게 아닙니다. 서울대는 여전히 국립대고, 정부의 재정 지원은 달라지지 않습니다.

• 무엇을 위한 법인화입니까?

▸ 법인화의 본질은 대학 운영에 있어 어느 정도 자율권을 갖는 것입니다. 서울대가 교육부의 직할행정기관에서 이제는 간접 통제를 받는 기관으로 전환되는 것입니다.

• 그렇게 법인화가 됐지만 서울대가 무엇이 달라졌는지 묻는 이들이 많습니다.

▸ 교육은 단기적 시장 상품이 아니고 장기적 공공재이며 가치

이 글은 「조선일보 '최보식이 만난 사람' 오연천 서울대 총장 단독 인터뷰」(2013. 11. 15) 중 일부 내용을 발췌한 것이다.

재입니다. 제도가 바뀌었다고 대학이 금방 바뀌겠습니까? 시간을 두고 서울대의 자율적인 모습을 점차 만들어 가는 것입니다.

서울대학교 법인화의 비전 구현을 위해서는 공동체 의식과 도전정신이 필요하다

새로운 기대 속에서 계사년 새해(2013)를 맞이했습니다. 지난 한 해 동안 서울대는 정부 직속의 국가 기관에서 자율성을 가진 국립대학법인으로 전환하는 과정에서 제기되었던 우려를 줄이고 기대와 희망을 살리기 위해 노력해 왔습니다.

자율과 책임을 토대로 한국사회에 기여하는 참된 학문공동체로 거듭나기 위해 자율적인 운영체제 구축 및 교육·연구의 내실화를 위한 제도적 기반을 마련해 왔습니다. 분명한 것은 독자적 국립대학 법인체제로의 전환은 그 자체가 목표가 아니고 서울대학교에 부여된 국가적 책무를 이행하기 위한 바람직한 수단적 가치로 이해해야 한다는 것입니다.

우리는 지난 해 미래 교육과 연구를 기획·지원하기 위해 법인 전환 전담기구를 설치하고, 대학 운영 시스템을 개선하기 위해 조직을 정비해 왔습니다. 인사관리와 예산운용의 자율성을 확보하고자 노력했습니다. 예컨대 '글로벌 선도연구중심대학 육성 프로젝트'를 통해 석학들을 영입할 기회를 가졌고, 기반학문 진흥을 위한 지원체제도 모색해 왔습니다. 그리고 그동안 지속적으로 기울여 온 국제화 노력의 결과로 이제 서울대학교는 아시아의 중심 대

이 글은 2013년 신년사로, 법인화 단행 이후 첫번째로 맞는 신년이라는 특성으로 인해 서울대학교 법인화의 비전과 전략에 관한 내용을 담고 있다.

학으로 인정받는 단계에 이르게 되었습니다. 이러한 일련의 노력은 어디까지나 우리의 본원적 과업을 이루기 위한 기초 작업에 불과합니다.

새해에도 우리는 자율적인 운영체제를 더욱 견고히 하기 위한 제도 정비작업을 지속해야 합니다. 이 과정에서 구성원의 적극적인 관심과 참여가 필요합니다. 대학은 교수, 교육단위, 대학본부로 연결되는 수직적 체제가 아니고 개별 교수와 학생, 개별 학문단위가 함께 가치창조에 임하는 지식 공동체이기 때문입니다.

국가적 책무를 효과적으로 수행하기 위한 법인화

사실 국립대학법인 전환과정에서 어려움과 한계점 역시 존재한다는 것을 부인할 수 없습니다. 국립대학의 체제 속에서 대학의 자율성을 어느 범위에서 정의하고, 어떻게 정립할 것인가에 대해 다양한 입장이 공존하기 때문입니다.

국립대학법인으로서의 새 출발은 서울대학교에 부여된 국가적 책무를 보다 바람직한 방향으로 이행하기 위한 방법의 하나입니다. 이런 점을 감안할 때 우리에게 당면한 미완의 과제를 슬기롭게 완수해 나가는 노력을 계속 전개해 나가야 할 것입니다.

우리는 대학 운영의 자율성 못지않게 대학이 학문적 가치를 자율적으로 추구하고 이를 한국사회의 발전과 미래의 번영에 기여하게 하는 데 매진해야 할 책무를 안고 있습니다. 이것이 바로 우리 대학에 부여된 시대적 소명이라고 생각합니다.

세계를 선도하는 창의적 지식공동체를 만들기 위해

이러한 노력의 궁극적인 목적은 '세계를 선도하는 창의적 지식공동체'를 만드는 것입니다. 창의적인 글로벌 인재를 육성하고, 선도적 학문 가치를 창출하며, 공생발전을 위한 사회기여에 힘쓰는 것이 서울대 본연의 임무임을 다시 한 번 되새깁시다.

대학은 시대가 요구하는, 나아가 시대를 선도하는 보편가치를 정립하고 사회의 성숙한 발전을 위한 지식과 지혜를 창출하는 곳입니다. 미래지향적 교육을 통해 교양과 책임의식을 겸비한 창의적 인재를 양성하여 그들이 사회 각 영역에서 발전에 기여하도록 해야 합니다. 세계적 수준의 연구역량을 갖춘 학문후속세대를 길러내고, 지속가능한 번영을 뒷받침할 지식기반을 창조하고 공유하여, 한국사회가 당면한 문제들을 진단하고 해결하는 데 앞장서야 합니다.

공동체 의식이 중요하다

서울대학교의 비전을 달성하고 우리의 책무를 실천하기 위해서는 무엇보다 공동체 의식이 중요합니다. 진정한 지식공동체로 거듭나는 서울대학교는 사회 통합에 기여하는 모범이 될 것입니다. 특히 우리에게 가장 소중한 시대정신은 '화합, 상호존중, 약자에 대한 배려를 통한 진정한 국민통합'입니다. 이 과정에서 대학과 지식인 사회는 대한민국의 지적 구심점의 역할을 다하면서 새로운 시대정신을 뒷받침할 가치형성에 주력할 책무를 안고 있습니다.

다양성을 중시하고 상호이해와 협력의 노력을 경주할 때 비로소 건강한 공동체가 형성될 수 있습니다. 이익이 상이하고 대립된다고 해서 서로를 적대적 관계로 설정한다면 통합은 멀어질 것입니다. 비록 차이가 있더라도 차별하지 않고 갈등을 발전의 원동력으로 승화시킬 수 있는 능력, 이것이 현재 우리 사회에 필요한 통합 역량입니다. 이제 서울대 구성원 모두가 이러한 역량을 발휘해 진정한 학문공동체를 솔선해서 만들어 가야 할 때입니다.

창조적 도전정신이 요구된다

급변하는 현대사회는 창조적인 도전정신을 요구합니다. 이러한 시대적 요구에 부응하기 위해서는 우리 사회의 희망인 대학이 미래를 개척하는 선도적 역할을 수행해야 합니다.

새해를 맞아 각오를 새로이 다지고 배전(倍前)의 노력을 기울여 우리에게 주어진 임무와 과제를 결연히 실천해 갑시다. 서로를 신뢰하고 격려함으로써 우리 모두의 공동선이 실현되는 미래를 향해 함께 나아갑시다. 대학 발전을 위해 함께 일해 왔다는 자부심을 갖고 각자의 역할을 충실히 하는 서울대인의 깊이 있는 자기 성찰의 전통이 더욱 뿌리내릴 것을 기대합니다.

큰 배움[大學]의 길에 접어든 신입생들에게

나를 넘어 우리를 위한 삶은 서울대인의 소명이다

이 글에서는 총장 취임사에서 강조한 대학이 희망인 이유의 일단을 제시하고 있다. 특히, 대학교에 입학한 신입생이 대학생활을 시작하면서 가져야 할 바람직한 마음의 자세와 서울대인으로서 견지해야 할 역사적 소명 의식을 강조하고 있다.

모든 서울대 교수와 학생들이 여러분을 환영합니다. 빛나는 인류의 지적 유산이 이곳에서 여러분을 기다리고 있습니다. 이제 서울

이 글은 2011년 1월 17일에 진행된 새내기 대학 행사의 총장 축사를 각색한 것이다.

대학교는 여러분이 각자의 다양한 잠재력을 성취와 협력의 조화로 연결해 나갈 수 있도록 돕고자 합니다.

신입생 초기 몇 주 간의 경험이 대학생활의 가치를 결정

새내기 대학에 참여하는 여러분! 입시와 경쟁으로부터의 긴장을 풀고 자기 변화를 위한 기초를 도야(陶冶)하는 시간을 맞으십시오.

만들어진 지식을 전달받는 배움, 정답만을 찾는 배움이 아니라 질문을 던지고 찾아가는 탐구의 열정으로 대학생활에 임해 주십시오. 신입생 시기의 최초 몇 주 간의 경험이 대학생활의 가치를 결정하는 중요한 출발점이 된다고 합니다. 서울대학교의 우수한 학자들이 동시에 얼마나 훌륭한 스승이신지 체험해 보십시오. 문학과 예술, 역사와 철학, 그리고 수학과 과학의 세계들을 탐색하고 새로운 가능성을 모색해 보십시오. 선배와 동료들과도 대화하는 가운데 함께 가르치고 배울 수도 있습니다. 자신만의 공부방법도 개발해 보십시오.

자기의 혼이 담긴 질문을 제기하고 그 답을 찾아가는 열정이 필요

세계적인 예술가, 운동선수, 학자들을 연구한 블룸(Bloom)에 의하면 이들 중 극소수만이 '신동'이나 '천재'로 여겨졌을 뿐이라고 합니다.

위대한 업적을 이룬 사람들은 대부분 자기 분야에서 10년 이상 훈련받고 1만 시간 이상을 매일매일 연습했다고 합니다. 이는 곧 천재의 신화를 깨고, 여러분이 위대한 창의성의 주인공이 될 수 있다는 것을 말합니다. 자기 스스로의 혼이 담긴 질문을 제기하고 그 대답을 찾아가는 열정을 가지십시오. 지식과 아이디어의 소비자(consumer)가 아니라 생산자(prosumer)가 되십시오. 지적 주체성을 가진 지식인이 되라는 말입니다. 여러분의 학문적 성취와 실천적 기준이 곧 세계의 표준과 혁신이 될 수 있도록 각자의 분야에서 최선의 정진을 해주십시오.

'나를 넘어 우리를 위한 삶'은 서울대인의 소명

신입생 여러분, '나 자신만을 위한 것이 아닌 삶'을 사는 보람을 체험해 보십시오. 이 사회의 등불 저편에 빛이, 온기가 가지 않는 곳 또한 내가 발을 딛고 있는 땅임을 느껴 보십시오.

우리 서울대인 모두는 자신의 입신양명에만 집착하지 않았는지를 반성해야 합니다. 세계는 크지만 이를 바꾸는 일은 한 사람의 손끝에서부터 이루어집니다. 서울대의 교육은 인격과 교양을 갖춘 전문적 인재를 양성하는 데에 그 목표가 있지만, 한국사회와 지구촌에 대한 배려와 헌신이 없다면 그 의미는 제약될 수밖에 없습니다.

서울대인은 사회와 세계의 어두운 곳을 구석구석 살피고 이를 따뜻하게 하고 밝혀야 합니다. 서울대학교 여러분의 선배들은 올해 'SNU 글로벌 봉사단'을 조직하여 전 세계의 오지를 찾아가 봉사하고 섬기는 리더십을 실천했습니다. 혜택을 더 큰 나눔으로 갚는 '나를 넘어 우리를 위한 삶'을 사는 것은, 서울대인에게는 선택의 문제가 아니라 당위의 문제임을 잊지 말아 주십시오.

한 사람을 아름답고 품격 있게 만드는 비결은 잘 차려입은 옷이나 고급 승용차가 아닙니다. 그것은 너그러운 면모에서 묻어나는 여유와 기품입니다. 미덕이란 한순간에 완성되지 않습니다. 마치 오랜 시간 다듬어지는 예술품과도 같습니다. 인재의 역량이 채워지는 과정도 그와 다르지 않습니다. 자신을 낮추고 사회적 약자를 배려할 줄 아는, 따뜻한 심성을 갖춘 인재는 충분한 시간 동안의 성숙과 도야를 필요로 합니다. 사회와 운명을 함께하는 대학인으로서 진리와 정의를 존중하십시오.

대학은 여러분들이 그러한 '선이 굵은 미덕'을 갖춘 지식인이 되는 것을 도울 것입니다. 지성이 세상의 어두운 구석을 밝히는 인간애를 발휘할 때, 지식의 정체성도 바로 설 수 있습니다. 그것이 곧 대학이 희망인 이유, 대학이 희망이 되어야 할 이유입니다. 그러한 대학의 희망과 미래가 바로 여러분인 것입니다.

한 사람 한 사람 우리 대학의, 우리나라의 소중한 인재임을 잊지 마시고 자신을 아껴 주십시오. 어려움이 있으면 도움을 청하는 용기를 가지시고, 자신에게 제공된 모든 것들을 마음껏 누릴 수 있는 주인들이 되십시오.

새로운 삶의 출발점에서

여러분은 지금 새로운 삶의 출발점에 서 있습니다. 이 시간은 여러분의 일생 가운데 가장 중요한 변혁의 시기입니다. 지금 여러분이 어떤 경험을 하고, 어떤 사람을 만나며, 어떤 책을 읽고, 어떤 생각을 하고, 어떤 세계를 보는가가 앞으로 여러분의 일생에 지대한 영향을 미칠 것입니다. 도전은 언제나 기회입니다. 큰 변화가 여러분에게 자신의 가능성을 실현하는 기회가 되기를 바랍니다. 새내기 대학을 디딤돌 삼아 부족한 점을 보완하고 뛰어난 점을 발견하십시오.

각자의 색과 빛을 내는 관악의 미래가 되어 주시기를 바랍니다.

여러분은 대한민국의 희망이고 미래입니다

신입생 여러분은 이제 큰 배움의 길로 접어들었습니다. 길이 있어서 가는 것이 아니라, 여러분 스스로가 새로운 길을 열어 나간다는 신념으로 학창생활에 임해야 합니다.

지금까지 여러분이 의존해 왔던 틀을 과감히 깨고 참된 서울대학교 학생으로 자기 발전에 최선을 다해야 합니다. 인생의 황금기라고 할 수 있는 대학생활에서 보다 긴 안목으로 미래를 준비하기 바랍니다.

앞으로 펼쳐질 대학생활에서 학문적 깊이를 누리며 교양이 가져다주는 원대한 지식의 바다에 푹 빠져 보십시오. 왕성한 지적 호기심과 창의적이고 자유로운 상상력을 갖고 우리 앞에 놓인 근본적인 문제들에 진취적으로 도전하십시오. 분명 여러분은 밝은 미래를 맞을 것입니다.

창조적 도약을 감행하십시오

대학은 무엇보다 학문적 가치를 창조하는 광장입니다. 우리 서울대학교는 학문적 가치 창조의 중심에 서고자 합니다. 여러분은 진지하고 성실하게 한 걸음 한 걸음 학문의 세계를 향해 걸어가십시

이 글은 2011년 3월 2일 개최된 입학식 총장 축사다. 서울대학교 신입생의 역사적 소명의식을 강조하는 가운데 대학생활의 좌표를 제시하고 있다.

오. 그 길은 여러분 혼자만의 길이 아닙니다. 교수님과 선배 그리고 동료들과 부단히 지적 대화를 나누면서 우리가 당면한 문제를 그 근원에서부터 고민하고 성찰하는 보람찬 길입니다. 공식과 틀에 얽매이지 말고 멀리 보기 위해 높이 나는 창조적 도약을 감행하십시오.

'우리'의 문제에 관심을 기울여야 합니다

대학은 사회에 희망의 불빛을 던져 주고 함께하는 미래를 설계하는 원동력입니다. 신입생 여러분은 '나'만의 문제가 아니라 '우리'의 문제에 관심을 기울여야 합니다. '우리' 모두가 어우러져 잘 살 수 있는 길을 모색하고 실천하는 용기를 가져야 합니다. 대학의 발전 없이는 사회가 앞으로 나아갈 수 없고, 사회의 성장이 담보되지 않는다면 대학은 늘 제 자리에 머물게 될 것입니다. 이웃과 공동체뿐만 아니라 인류의 미래까지도 고민할 수 있는 서울대생이 되기 바랍니다. 당장 해답이 보이지 않는다고 해서 회피하지 말고 정면으로 맞서 치열하게 고민하십시오.

나누고 섬길 수 있는 인재가 되어야 합니다

신입생 여러분, 여러분은 지식탐구에 매진할 뿐 아니라 나누고 섬기는 노력을 가꾸어 나가야 합니다. 앞으로 우리 사회를 선도할 책임 있는 청년 지식인으로서 책임감과 자긍심을 가져주시기 바랍니다.

여러분의 참된 노력은 서울대학교의 미래뿐만 아니라 우리나라의 미래를 좌우합니다. 경쟁에서 이기는 것만이 능사가 아니고, 나누고 섬길 수 있는 인재가 되어야 합니다. 앞장서되 뒤를 바라볼 수 있고, 달려가되 넘어진 자도 부축할 수 있는 넓은 시야와 따뜻한 심성이 필요합니다.

자기 스스로
지식과 경험의 주체가 되어야

신입생 여러분들의 서울대학교 입학이 갖는 가장 중요한 의미는 자신의 목표를 스스로 설정하고, 그 목표의 실현에 필요한 역량을 가꾸어 나가며, 이러한 역량을 바탕으로 자기 주도적 노력을 통해 목표를 성취하는 데 있습니다. 이를 위해 타율과 관성으로부터 과감히 벗어나 여러분 자신이 스스로의 주인임을 인식하고, 대학이 부여하는 여건과 기회를 적극적으로 활용해야 합니다. 자신의 목표에 도전하고 머지않은 장래에 이를 실현하는 것은 여러분의 몫이며 젊은이의 특권이기도 합니다. 대학인의 진정한 자부심은 여기에서 출발해야 한다고 믿습니다.

저는 여러분의 선배로서, 모교의 교수로서 학창시절부터 지금까지의 경험에서 느꼈던 점 몇 가지를 전하고자 합니다.

지식탐구의 주체로서의 능동적 학습

대학에서는 중·고교 시절과 달리, 여러분이 지식탐구의 주체로서 관심 있는 주제의 본질을 객관적으로 파악하고 사물과 현상의 인과관계를 연구하는 데 학습노력을 기울여야 합니다. 사실을 이해함에 있어서는 객관적 입장을 지키면서, 자신이 조명하는 주관

이 글은 2012년 3월 2일 개최된 입학식 총장 축사다.

적 가치관을 아울러 키워 나가야 합니다. 이러한 노력을 통해 창조적 가치와 비판적 안목을 키울 수 있을 것입니다. 교수님의 강의를 통한 수업은 여러분이 지식과 지혜를 넓힐 수 있는 계기일 뿐이며 필요조건에 불과합니다. 강의실에서 얻은 지식을 여러분 스스로 심화·확산시켜야 합니다. 배운 지식을 스스로 남에게 설명할 수 있을 때 여러분이 지식을 활용하고 응용할 수 있으며, 더 나아가 진전시킬 수 있습니다.

인성교육의 중요성

저는 인성교육의 중요성을 강조하고 싶습니다. 고교시절의 국어시간에 배운 용비어천가에 나오는 "불휘 기픈 남긴 ᄇᆞᄅᆞ매 아니 뮐씨 곶 됴코 여름 하ᄂᆞ니…… (뿌리 깊은 나무는 바람에 움직이지 아니하므로 꽃이 좋고 열매가 많으니……)" 구절처럼, '인간됨', '사람다움'을 갖추는 것이야말로 대학교육 나아가 민주국가 시민의 출발점임을 명심해야 합니다.

식물이 비옥한 토양에서 뿌리를 깊이 내려야 줄기와 잎사귀가 활기차게 자랄 수 있는 것처럼, 여러분은 전공을 불문하고, 인간 존재의 의미와 삶의 바람직한 지향점을 견고히 정립해야 할 것입니다. 항상 남을 배려하고 어려운 처지에 있는 사람을 이해하고 나누면서, 반대하고 비판하는 사람의 주장에도 경청할 수 있는 도량과 용기를 품기 바랍니다. 여러분처럼 우수한 두뇌를 갖고 선택된 인재들이 그러한 노력을 게을리한다면, 누가 그런 역할을 잘할 수 있겠습니까?

폭넓은 사고와 상상력 함양

신입생 여러분께 폭넓은 사고로 학습에 임하기를 당부 드립니다. 여러분은 인문학과 사회과학, 자연과학을 포괄하는 '학제적 기반 교육'을 통해 폭넓은 사고력과 상상력을 키워야 합니다. 이러한 역량은 전공분야에서 도전적 탐구 정신을 촉발할 수 있을 것입니다.

다양한 경험의 체득

여러분은 젊은이로서 대학생활에서 다양한 경험을 체득할 필요가 있습니다. 대학에서의 긴박한 교육일정과 불확실한 미래로 인해 조급한 마음이 생길 수 있으나 스스로 여유를 찾으며 다양한 학내외 활동을 통해 몸과 마음을 튼튼히 해야 합니다. 대학 재학 중 강의실 밖에서 선생님과 친구들, 선·후배들과 인간적 정리를 나누고 신뢰 깊은 상호관계를 형성하는 것은 여러분의 미래에 있어 소중한 자산이 될 것이며 학업역량이 우수한 여러분들이 얻게 될 지식과 지혜를 더욱 빛나게 할 것입니다.

여러분의 성취와 자부심은 서울대학교, 나아가 대한민국의 희망입니다. 여러분의 비전이 개인적 차원을 넘어서 국가와 사회 나아가 인류에 공헌할 수 있어야 합니다. 여러분은 자신의 주체성을 확립하면서 사회적 책무를 일구어 나가야 합니다. 여러분은 개인과 사회, 자신감과 겸손함, 권리와 의무를 조화롭게 생각하고 실천해야 합니다.

준비하는 학습과
핵심 메시지의 전달

여러분들 앞에 펼쳐질 대학생활은 지금까지 해 왔던 공부와는 사뭇 다릅니다. 대학은 주어진 정답만을 학습하는 곳도, 단순히 지식만을 습득하는 곳도 아닙니다. 대학은 스스로 질문을 만들어 내고 이에 대한 해답을 열정적으로 탐구하는 곳입니다. 이러한 과정에서 학문적 가치를 새롭게 창조하는 곳입니다. 남들이 걸어간 길을 따라 가는 것이 아니라 여러분 자신이 길을 모색하고 개척해야 합니다.

이를 위해 당연히 폭넓고 깊이 있는 사고로 학업에 임하는 태도가 절실합니다. 수준 높은 교양인이 되기 위한 자질을 부단히 연마해야 합니다. 다양한 학문 간의 경계를 자유로이 넘나드는 지적 호기심과 융합적 상상력을 평소에 배양해야 할 것입니다. 참다운 휴머니즘을 익히고 가꾸는 일 역시 우리의 몫입니다. 인간의 존재 의미를 고뇌하고 삶의 궁극적 가치를 성찰하는 일도 게을리해서는 안됩니다.

대학생활을 시작하면서 신입생이 갖추어야 할 마음의 자세

대학생활은 열정과 낭만, 그리고 패기와 도전정신으로 충만해야

이 글은 2013년 3월 4일에 개최된 입학식 총장 축사다.

합니다. 강건한 심신을 바탕으로 다양한 경험을 쌓기를 바랍니다. 여러분의 미래를 보다 긴 안목으로 준비하십시오.

사실 대학생으로서의 첫 일 년, 처음 몇 달이 매우 중요합니다. 가치 있는 대학생활은 지금 이 순간의 각오와 의지에 달려 있습니다. 오늘의 일을 결코 내일로 미루지 마십시오. 여러분은 결코 혼자가 아닙니다. 여러분 앞에는 세계 수준의 교육과 연구역량을 자랑하는 서울대학교가 있습니다. 여러분을 진정한 제자로 맞이하고 싶은 훌륭한 교수님들이 계십니다. 여러분을 친구나 동료로 만나고 싶어 하는 수많은 학우들이 기다리고 있습니다.

이것은 모두 여러분에게 주어진 기회입니다.

대학에서의 학습은 이렇게 하는 것이 효과적입니다

오늘 여러분들은 신입생으로서의 벅찬 감격과 자부심을 갖게 되었습니다. 진정한 자부심은 자신이 추구할 미래의 역할에 대한 사명감이 사회에 대한 책임감과 결합될 때 빛을 발하게 된다고 믿습니다. 자신만의 이익과 경쟁에 집착하지 않고 세상의 어두운 곳을 두루두루 살피고 보듬을 줄 아는 참된 인재가 바로 서울대학교가 지향하는 인간상입니다. 바로 그것이 우리가 대학에서 희망을 찾고 서울대학교가 존재하는 이유입니다.

저는 서울대학교 1970년 입학생입니다. 제가 여러분의 선배로서 그동안의 경험을 바탕으로 몇 가지 조언을 드리고 싶습니다.

첫째, 수업에 임하면서 항상 준비하는 자세를 갖추어야 합니다. 대학은 스스로 학습하고 수업을 통해 확인하는 곳입니다. 여러

분이 수업에 앞서 얼마나 준비를 잘 하느냐에 따라 수업의 성과가 좌우됩니다. 군인이 전쟁터에 나갈 때 훈련을 하고 나가는 것처럼, 수업에 들어갈 때는 반드시 그날 배울 내용을 파악하고 가십시오. 그러면 수업이 즐거워지고 수업 시간에 배운 내용이 바로 여러분의 것이 됩니다.

둘째, 학습의 요체는 배운 내용을 요약하고 거기에서 핵심 메시지를 집약하고 도출하는 일련의 과정입니다. 따라서 수업 후에 무엇이 중요하고 핵심인지를 스스로 도출하고 그것을 여러분의 것으로 만들어야 합니다. 자신이 안다는 것은 단지 이해하는 것이 아닙니다. 남에게 설명할 수 있을 때, 진정으로 아는 것입니다.

셋째, 참된 fact는 여러분의 것으로 만들어야 하고 그 fact를 토대로 자신의 주관과 시각을 개발하십시오. Fact는 참된 지식의 내용이고, 이를 토대로 자신의 입장을 조망하는 자신의 포지션을 만드는 노력을 기울여야 합니다.

넷째, 의심이나 의구심이 나는 것은 그대로 묻어 두지 마십시오. 반드시 풀어서 확인하는 태도가 중요합니다. 이것이 바로 지적 호기심이 지식과 지혜로 연결되는 과정입니다.

여러분이 지식과 지혜의 주인이 되어야 합니다. 참된 지식은 여러분의 영혼을 밝고 맑게 할 것이며, 이것은 곧 여러분의 자산이자 서울대학교와 대한민국의 미래입니다.

서울대학교 졸업생이 갖추어야 할 소명의식과 덕목(德目)

서울대학교의 시대적 소명

오늘 여러분이 교문을 나서게 되는 서울대학교는 격동의 현대사를 헤쳐 나오면서 사회 각 분야에 수많은 인재들을 양성해 왔습니다. 바로 오늘의 대한민국을 우뚝 서게 한 원동력이었습니다.

한때 전 세계로부터 도움을 받은 나라가 이제 어려운 나라들을 돕게 된 오늘날 대한민국의 역사는 곧 서울대학교의 자랑스러운 역사와 맥을 같이합니다. 여러분들의 선배들이 쌓아 놓은 서울대학교의 값진 전통은 졸업생 여러분들에 의해 앞으로도 면면히 이어질 것입니다.

이 글은 2011년 2월 25일에 거행된 2010학년도 전기 학위수여식의 총장 축사다.

졸업생 여러분이 대한민국의 희망입니다

이제 졸업생 여러분은 모교의 품을 떠나 미지의 새로운 삶의 현장으로 떠나갑니다. 졸업은 미래를 위한 새로운 출발을 다짐하는 의식입니다. 오늘 이 자리는 졸업생들의 성취와 밝은 미래를 상징하는 축전의 의미를 담았습니다. 졸업생 여러분 가슴속에는 졸업의 환희와 함께 미래의 새로운 설계를 위한 불연속성과 고뇌가 함께 할 것입니다.

더 높은 목표를 향해 가고 있는 우리나라는 대내외적으로 불확실성과 가치충돌의 어려움을 극복해야 할 과업에 직면해 있습니다. 세계질서는 이미 치열한 경쟁체제로 접어들었고, 한반도 정세 역시 한 치의 방심도 허락하지 않는 상황입니다. 성장 동력을 모색하고 있는 국민경제는 대학졸업 청년들을 위한 취업 문턱을 쉽게 낮추지 못하고 있습니다. 사회적 양극화는 개선되지 않고 있으며 공동체 정신과 윤리적 규범 또한 구심력을 잃어 가고 있는 양상입니다.

이제 대한민국의 새로운 웅비를 가능하게 하는 원동력은 창조적 가치를 만들어 내는 대학, 대학인이라고 믿습니다. 그렇기에 저는 대학이 우리의 희망이라고 감히 말할 수 있습니다. 현재의 위상과 역할에 안주하거나 만족해서는 대학이 희망이라고 말할 수 없습니다. 희망의 중심부에 바로 여러분이 자리잡고 있습니다. 여러분의 왕성한 창의력과 불확실성을 헤쳐 나갈 용기는 미래 대한민국의 희망입니다.

시대정신을 이끌어 나갈 주역으로서

여러분은 기회가 주어지지 않는다고 한탄해서는 안됩니다. 여러분 스스로가 기회를 만들어 내야 합니다. 여러분의 시야를 세계로 넓힌다면, 여러분의 역량이 우리 사회의 그늘진 구석을 파고든다면, 그리고 여러분이 연마한 창조적 가치를 지속적으로 탐구한다면, 머지않은 장래에 여러분이 대한민국의 시대정신을 이끌어 갈 주역이 될 것입니다.

기회가 다가올 때 나 자신이 최선의 대안일 수 있도록 항상 최선의 준비에 임한다면, 불확실성으로 인한 정체와 불안은 설 자리가 없을 것입니다. 그러기에 끊임없는 자기 성찰, 자기 계발, 그리고 자기 증진의 노력을 체질화해야 합니다. 진정으로 사회에 기여하는 참된 인재가 되기 위해 그동안 배운 지식을 곰곰이 되씹고 새로운 환경에 적응할 수 있는 지혜를 연마해야 합니다. 바로 여러분이 정열을 불태웠던 대학의 창조적 역량이 우리의 미래를 좌우한다는 사실을 한시도 잊어서는 안됩니다.

서울대의 시대적 소명을 완수하기 위해서

지식기반 사회에서 대학은 창의적 지식 창출의 거점이 되어야 합니다. 그러기 위해서 서울대학교는 '실천적 지성'의 산실로 거듭태어나야 합니다.

서울대학교는 세계 정치·경제의 중심축으로 부상하는 아시아의 지식 허브로 자리잡을 것입니다. 대학이 창조한 지식과 가치는 현장과 일상 속에 구체적으로 실현되어야 하며, 한국의 대학공동

체를 포함한 주변 환경과 유연하게 공유(共有)될 때 선순환의 창조적 진화를 이루어 낼 수 있을 것입니다.

이제 영향력을 확대하고, 기득권을 향유하는 외형적 명성에 안주하는 대학인은 새로운 가치 창조의 주역이 될 수 없습니다. 우리 대학인들은 시대적 소명을 완수하고 국민적 여망에 부응하기 위해 함께 나아가야 합니다. '나라가 있고 대학이 있다'는 믿음을 더욱 실천해야 합니다.

이제 서울대학교는 미래지향적 전환과 혁신을 위한 소중한 기회를 맞이하고 있습니다. 이러한 기회는 '자율과 책임'을 핵심 정신으로 하는 서울대학교를 실천적 지성의 전당으로 만드는 출발점이 되어야 합니다. 학문적 가치수준을 획기적으로 향상시키는데 그치지 않고, 국가와 사회가 필요로 하는 참된 인재를 각계각층에 더 많이 배출해야 합니다. 그리고 대학의 사회적 책임을 구현하기 위해 대학 공동체가 함께 나아가야 합니다.

졸업생 여러분, 이제 여러분 모두는 서울대학교 졸업생으로서 자부심과 책임감을 가지고 저 넓은 세상을 향해 나아갑니다. 오늘 졸업하는 외국인 유학생들 또한 조국으로 돌아가 자신이 갈고 닦은 역량을 사회에 공헌할 것을 믿어 의심치 않습니다. 여러분들이 내딛는 걸음걸음마다 축복과 영광이 늘 함께하기를 충심으로 기원합니다.

자기 성취를 뛰어넘는 공동체의 발전에 밀알이 되어야

이제 여러분은 정다운 모교의 품을 떠나 새롭고 낯선 세상으로 나아갑니다. 교정을 떠나는 여러분의 발걸음이 가볍지 않듯이, 여러분을 떠나보내는 저희들의 마음도 밝기만 한 것은 아닙니다.

오늘날 우리는 대내외적으로 예측하기 어려운 도전과 불확실성에 직면해 있습니다. 세계질서는 경쟁체제로 치닫고 있으며, 한반도 주변정세 역시 긴박한 상황이 지속되고 있습니다. 경제성장이 정체되고 있는 가운데 사회적 양극화는 개선될 조짐이 보이지 않습니다. 공동체 정신을 결집해야 할 사회의 총체적 구심력은 약화되고 있는 양상입니다. 공동체를 가꾸어 나갈 정부와 정치권의 제도적 역할에 대한 회의론마저 수그러들지 않고 있습니다.

역사적 진보 과정에 자리잡은 대학인의 투혼

졸업식장의 주인공들에게 밝은 꿈과 기쁜 희망을 말할 수 없는 작금의 현실이 안타깝기 그지없지만 이런 때일수록 우리의 어려운 현실을 타개하고 스스로 미래를 개척할 수 있다는 신념을 다져 나가야 합니다.

이 글은 2012년 2월 24일에 거행된 2011학년도 전기 학위수여식의 총장 졸업 축사다. 총장 취임사에서 제시한 '대학이 희망이다'라는 화두와 관련하여 역사적 진보를 위한 대학의 역할, 그리고 서울대 졸업생으로서 가져야 할 올바른 가치관과 소명의식을 강조하고 있다.

우리는 이러한 신념을 지켜 나갈 수 있는 충분한 역사적 경험과 역량을 갖추었습니다. 우리는 6·25 전쟁의 황폐 속에서 주권국가의 위상을 바로 세우면서 경이적인 경제발전을 이룩해 냈습니다. 국민의 힘을 통해 보편적 민주국가를 건설해 냈습니다. 외환위기를 비롯한 몇 차례의 경제위기를 슬기롭게 극복함으로써 유사한 상황에 처했던 나라들의 부러움을 사기도 했습니다.

나라가 어려울 때마다 우리의 자랑스러운 젊은이들이 국난을 극복하고 대한민국을 세계 중심국가로 부상하게 만들었습니다. 선배 동문들의 숭고한 용기와 희생 위에서 우리는 일어섰습니다. 이러한 역사적 진보 과정의 근저에는 대학인들의 투혼이 있었으며, 그 중심에는 항상 서울대인이 있었습니다.

공동체의 보편적 이익을 구현할 창조적 지식인으로서

이제 우리 졸업생들은 우리 공동체의 발전을 이끌어 나가는 소중한 밀알이 될 것입니다. 서울대인의 진정한 자부심은 바로 여기에서 출발해야 합니다. 경쟁을 통한 자기 성취를 뛰어넘는 봉사와 배려의 정신, 그리고 헌신과 희생의 미덕으로 재무장하여 '나라가 있고 대학이 있다'는 생각과 '국민이 있어 서울대가 있다'는 믿음을 실천하는 용기를 일구어 나가야 합니다.

대한민국 국민으로서의 자부심과 서울대학교 졸업생으로서의 자긍심, 그리고 공동체의 보편적 이익을 구현할 창조적인 지식인으로서의 포부를 굳건히 지켜 나갈 것을 당부합니다. 지금까지 배우고 익힌 지식과 교양, 그리고 인격으로 여러분의 무한한 가능성을 저 넓은 세상에서 마음껏 펼치기 바랍니다. 편향되지 않은 균형적 사고, 단편적 지식을 극복하는 근본적 지성, 사익을 뛰어넘는 공익정신을 갖추고 끊임없이 정진하는 여러분의 힘으로 이 세상을 좀더 따뜻하고 가치 있게 만들기 바랍니다. 사회 각 분야에서 소중한 인재로 활약하게 될 졸업생 여러분들이 새로운 시대정신의 주역이 된다면 우리 사회의 어려움과 불확실성을 이겨 나갈 수 있으며, 여러분이 머지않아 미래 모범국가 대한민국의 주인이 될 것입니다.

도전의식과 개척정신은 청춘의 특권이며 의무입니다. 이제 졸업생 여러분에게는 세계 전체가 도전의 무대이자 개척의 공간으로 활짝 열려 있습니다.

서울대학교의 정신과 전통은 졸업생 여러분에 의해 면면히 이어질 것으로 확신합니다. 졸업생 한 사람 한 사람에게 기회와 영광이 가득하기를 충심으로 기원합니다.

비록 오늘 교문을 떠나더라도 우리들은 늘 여러분을 응원하면서 언제라도 교문을 활짝 열어 놓고 반갑게 맞이할 것입니다. 우리 서울대학교에 유학 왔다가 각자의 조국으로 돌아가는 유학생들도 자신의 나라와 세계를 위해 큰 활약을 해 주시기를 기대합니다. 서울대 동문으로서 관악산의 맑은 정기와 한국인의 따뜻한 인정을 항상 기억해 주십시오.

인본적 가치, 협력적 인간관계, 창조적 사고를 가진 인재

친애하는 졸업생 여러분! 여러분은 지난 수년 간 대학에서 불철주야 학업에 정진하고 인격을 연마하여 우리의 미래를 짊어질 동량으로 성장했습니다. 이제 좁은 둥지를 벗어나 더 넓은 세계로 나아가 그동안 쌓아 온 역량을 마음껏 발휘할 때입니다.

대한민국의 불확실한 미래를 극복하기 위해서

여러분이 역량을 쏟아야 할 현실세계는 불확실성과 불연속적 도전이 자리잡고 있습니다.

특히 오늘날 국내외의 정치·경제적 여건은 우리의 미래에 대한 낙관을 허용하지 않는 양상입니다. 국제질서는 빠른 속도로 G2 시대에 접어들면서 우리를 둘러싼 동아시아의 국제정세가 긴박감을 더해 가고 있습니다. 세계 경제는 구조적 장기불황의 그림자가 드리워져 있고, 지속적 성장을 뒷받침할 뚜렷한 비전과 동력원이 가시화되지 못하고 있는 상황입니다. 양극화로 인한 소외계층의 분노를 잠재울 수 있는 사회안전망의 구축을 요구하는 목소리가 지구촌 곳곳에서 메아리치고 있습니다. 현존하는 국제정치질서, 그리고 정치 시스템과 제도적 장치가 지구촌과 국내의 산적한

이 글은 2012년 8월 29일에 거행된 제66회 후기 학위수여식의 총장 축사다.

문제를 제대로 풀어 나갈 수 있을지에 대한 회의론마저 대두되고 있습니다. 이러한 상황에서 대한민국의 국가적 위상을 견고히 해야 하는 시대적 소명이 우리 앞에 놓여 있습니다.

저는 이러한 시대적 소명에 대처함에 있어 여러분과 같은 미래 인재들이 새로운 가치체계를 만들어 내는 데 앞장서고, 철저한 자기 성찰을 통해 변화와 혁신을 이루겠다는 용기와 자신감을 잃지 않아야 한다고 생각합니다.

대한민국 국민들은 전쟁의 폐허를 딛고 경이로운 경제 발전을 이루고 민주주의를 정착시킴으로써 세계 중심국가로 발돋움한 자랑스러운 경험을 갖고 있습니다. 그리고 그 중심부에 대한민국의 젊은 청년들이 함께 있었습니다.

우리를 둘러싸고 있는 위기와 도전에 능동적으로 대응할 때 그것이 곧 새로운 기회일 수 있다는 역사적 교훈을 간과해서는 안 됩니다. 그동안 대학에서 배운 분석과 종합의 능력을 발휘해 본질을 꿰뚫고 전체를 조망하는 노력을 기울인다면, 그리고 젊은이다운 패기와 순수한 열정을 새로운 개척정신으로 이어 나간다면 여러분이 새로운 희망을 만들어 낼 수 있는 시대의 주역이 될 것입니다.

시대의 주역, 졸업생들이 갖추어야 할 세 가지

저는 새로운 시대의 주역이 될 여러분께 인본적 가치, 협력적 인간관계, 창조적 사고라는 세 가지 과제를 제시하고 싶습니다.

• 인본적 가치와 인간존중의 정신

여러분들이 대학에서 체득한 인본적(人本的) 가치를 더욱 굳게 지키고 이를 바탕으로 삼을 때 여러분의 전문역량은 더욱 크게 빛을 발할 것입니다. 이 시대가 난관에 처한 이유 중 하나는 인간의 본질적인 가치가 중시되지 못하고 있기 때문입니다. 여기에 문제의 원인이 있고 또 답이 있습니다. 넓고 깊게 생각하고 편향되지 않은 판단을 하며, 남을 이해하려 노력하고 공동체를 위해 헌신할 자세를 정립하는 것이야말로 참된 인재의 선행조건임을 명심하시기 바랍니다.

• 팀워크와 협력

팀워크를 잘 이루고 자신을 둘러싼 환경과 협력관계를 형성하는 데 주력해야 합니다. 지금 사회가 갈수록 각박해지고 사회적 구심력이 약화되는 것은 서로 믿고 존중하며 협동하는 문화가 부족하기 때문이라고 생각합니다. 물론 한 개인이 혼자 뛰어난 능력을 발휘할 수도 있지만, 여러 사람의 능력이 조화롭게 어우러질 때 훨씬 더 큰 성과를 거둘 수 있습니다.

가장 탁월한 성과를 얻는 사람은 협력을 잘 이끌어 내는 인재라는 점을 잊지 마십시오. '불완전한 사람들이 함께 모여 완벽한 팀을 만드는 것'이 리더십의 본질입니다. 나 자신의 부족한 점을 겸허히 성찰하고, 다른 사람의 장점을 살려줌으로써 공동체의 창조적 가치를 더욱 크게 할 수 있습니다. 냉철한 지성과 따뜻한 감성이 조화를 이루면서 폭넓은 공감대를 이룩할 수 있는 진정한 협력의 지도력을 가꾸어 나가십시오.

• 다양성을 수용하고 유연성 갖추어야

여러분이 앞으로 전념하게 될 분야에서 다양성과 유연성을 중시하면서 창조적 사고를 바탕으로 한 가치창출에 심혈을 기울여야 합니다. 세상은 갈수록 빠른 속도로 변화하고 더욱 복잡해져 우리들이 당면한 많은 문제를 해결하려면 더 넓은 분야를 아우를 수 있는 종합적인 사고와 융합적 접근이 필요합니다. 졸업생 여러분들은 대학에서 배운 지식을 바탕으로 부단히 연구하며 인간존재의 가치를 드높일 수 있는 창조적인 성과를 내리라 확신합니다.

꿈을 위한 새로운 발걸음

대학에서의 학창생활은 미래의 꿈을 향해 역량을 축적하고 가능성을 모색하는 과정입니다. 이제 스스로 여러분의 꿈을 구체적으로 실현하는 단계로 진입하게 되었습니다. 여러분이 가능성을 열어 나가는 현실은 언제나 제약과 불확실성을 안고 있습니다. 그러기에 여러분이 선택할 장래의 진로는 항상 밝고 순탄하지만은 않습니다. 오늘의 졸업생들의 여정은 그러한 제약점을 극복하고 불확실성을 타개하는 끊임없는 자기 실현의 과정이라는 점을 강조합니다. 미래를 준비함에 있어 결코 두려워하고 방관해서는 안되며 좌절해서도 안됩니다.

여러분이 지금까지 축적한 학문적 성취와 뿌리 깊은 인본적 기반, 여기에 여러분의 패기와 도전정신이 더해진다면 어떠한 어려움도 이겨낼 수 있다고 저는 확신합니다. 여러분들이 이런 자세를 일관되게 취한다면, 머지않아 학창시절의 꿈에 다가설 것이며 우리 공동체를 건강하게 인도할 수 있는 역할에 매진할 수 있을 것입니다. 이는 불굴의 투혼과 끊임없는 자기 혁신을 통해 전쟁의 폐허를 딛고 불가능해 보였던 민주주의와 눈부신 경제발전에 기여한 선배들의 전통을 이어가는 길이 될 것입니다.

이 글은 2013년 8월 29일에 거행된 제67회 후기 학위수여식의 총장 축사다.

졸업생이 갖추어야 할 바람직한 덕목들

저는 인생의 선배로서 정든 교정을 떠나는 졸업생 여러분에게 인간존중, 공동체 정신, 겸손한 자세, 구심적 역할, 포용력 있는 세계관 등 아주 기본적인 몇 가지 당부의 메시지를 전하고자 합니다.

인간존중

우리는 먼저 인간 존재에 대해 경이로움을 가지고, 인간을 존중하는 정신을 우선적 가치기준으로 삼고 이를 실천해야 합니다. 시장경제가 융성할수록 인간존중의 가치는 공동체의 존립과 미래를 위해 더욱 긴요한 무형의 사회적 자산이 될 것입니다. 지식과 지혜를 쌓아 온 여러분들이 인간존중의 가치를 실현하는 데 앞장설 때, 우리의 존재가치는 더욱 높아질 것입니다.

공동체 정신

우리가 인간존중의 정신을 우선한다면, 자연스럽게 '더불어 전진하는' 건강한 공동체를 일구어 낼 수 있습니다. 나라가 있고 내가 있다는 믿음을 가지고 여러분이 각 분야에서 소임을 다하면서 배려와 나눔의 지혜를 실천한다면 우리나라는 더욱 품격 있는 국가로 나아갈 것입니다.

졸업생 여러분들이야말로 남을 이해하고 배려하며, 자신이 이루어 낸 성취를 다른 사람과 나눌 수 있는 용기를 갖출 때, 참된 인재가 될 수 있다는 믿음을 간직하시기 바랍니다.

겸손한 자세

항상 겸손함을 실천하는 자세를 지켜 나가기 바랍니다. 존중받으려면 먼저 스스로를 낮추고 남을 존중해야 합니다. 겸손함은 사람을 판단할 수 있는 첩경이며 인간 존재와 삶의 본질적 전제조건이라고 생각해야 합니다. 겸손한 자세는 그 자체로 졸업생 여러분에게 큰 자산이 되어 줄 것입니다.

구심점 역할과 포용력 있는 세계관

대학과 기업, 정부와 시민사회, 그 어느 곳에서 정진하든 여러분은 그곳에서 구심적 역할을 감당해야 합니다. 비판에 귀를 기울이고 대안을 제시하면서 항상 구성원의 공동 목표와 보편적 가치를 도출하려는 열린 마음을 가져야 합니다.

해결책을 이끌어 내는 과정에서도 여러분들은 항상 넓은 마음으로 타인의 입장을 경청하고 소수자들을 존중함으로써 공감대 형성에 주력해야 합니다.

새로운 시각과 발상의 전환

여러분은 각자가 고유의 전공 영역을 지속적으로 갈고 닦아야 합니다. 그러면서도 인접학문이나 타 학문영역을 들여다 볼 수 있는 융합적 접근과 종합적 사고의 틀을 갖추어 나가기를 바랍니다. 새로운 시각과 발상의 전환이 창조와 혁신의 출발점이 된다는 점에 유념하기 바랍니다.

폭넓은 세계관과 글로벌 소통능력

더 넓은 세계관을 갖추어 나가기 바랍니다. 이제 한 나라의 영토는 단순히 그 나라의 지리적 경계만을 일컫지 않습니다. 경제활동이 이루어지고 문화적 가치가 전파되는 곳이 바로 21세기의 새로운 영토개념이기 때문입니다.

대한민국의 경제적·문화적 영토 또한 이미 오래전부터 한반도를 뛰어넘어서고 있습니다. 여러분들이 글로벌 소통능력을 키우고, 어느 곳에서든 서울대학교와 대한민국의 가치를 높여 나간다면 우리의 미래는 한걸음 더 나아갈 수 있습니다.

교육을 바탕으로 세상을 바꾸십시오

세계인의 존경을 받는 넬슨 만델라(Nelson Mandela)는 "교육은 세상을 바꿀 때 사용할 수 있는 최상의 무기"라고 말했습니다.

여러분이 이 학문의 전당인 서울대학교에서 받은 교육을 바탕으로 세상을 바꾸십시오. 그리고 눈앞의 이익을 뛰어넘어 끊임없는 자기 성찰, 그리고 헌신과 배려를 통해 인간 본연의 가치를 실현하여 진정한 행복을 누리십시오. 그리하여 21세기를 더 나은 세상으로 만드는 주역이 되십시오.

세계를 향한 서울대학교의 글로벌 전략

'덕'(德)에 기초한 한·중 관계 구축을 위한 대학과 지식인의 책무

한·중 관계의 필연적 중요성은 우리 모두가 공감하고 있습니다. 그러나 현실에서는 이러한 필연성을 제약하는 요소도 존재하고 있습니다. 이제 양국은 이러한 현실적 제약을 극복할 단계에 이르렀다고 확신합니다. 저는 이러한 과정에서 양국 지식인들의 책무가 무엇보다 소중하다고 생각합니다.

정치인들은 정치적 이익과 국내정치의 영향을 받고 이념적인 제약을 안고 있습니다. 너무나 자명합니다. 기업인들은 경쟁과 기업 이익의 틀 속에서 벗어나기 쉽지 않습니다. 관료들은 현실과 제

이 글은 2013년 6월 17일 중국 북경대학교에서 개최된 '한 · 중 미래포럼'의 기조연설문이다.

도적 제약을 안고 있습니다. 너무나 자연스러운 현상입니다. 그것은 비판의 대상이 결코 아닙니다. 사회의 각 시스템이 원활하게 가동되어야 하기 때문입니다.

그러나 여기 한 가지 예외가 있습니다. 바로 지식인과 학자들입니다. 지식인들은 어떤 정치적·제도적 제약을 뛰어넘어서 인류의 보편적인 가치를 모색하고 실천해야 할 책무를 공통으로 가지고 있습니다. 바로 한·중 관계, 중·한 관계에서 우리 지식인들의 역할이 더욱 소중할 수밖에 없는 이유가 여기에 있습니다.

학자들은 부분적인 이해관계를 뛰어넘는 보편적 가치를 도출해 내야 합니다. 이것은 선택이 아니라 책무이기도 합니다. 저는 이런 의미에서 오늘 새로 부임하신 왕언거(Wang Enge) 북경대 총장님께서 서울대학교와의 정례회의를 흔쾌히 수락해 주신 것에 감사의 말씀을 전합니다.

상호존중에 기초한 대학과 지식인의 상호신뢰

우리 양국의 지식인들은 서로 존중하며 토론 및 대화와 교류에 더욱더 매진해야 합니다. 가장 중요한 것은 상호 존중입니다. 토론이 생산적으로 귀결되기 위해서는 서로의 입장을 충분히 이해하고 중시하는 자세가 선행되어야 합니다. 또한 일관성을 견지함으로써 신뢰의 토대를 굳건히 다져야 합니다.

아시아적 가치에 대한 성찰

양국의 지식인들은 다음과 같은 과업에 직면해 있습니다. 우선 세계 중심권으로 부상한 아시아에서 과연 아시아적 가치가 무엇인지에 대한 객관적인 성찰이 필요합니다. 지금 많은 세계인들은 동아시아인들을 부러워하고 있습니다. 아시아의 발전에 감탄하고 있습니다. 그러나 정작 아시아인들은 우리가 가져야 할 자부심의 원천이 무엇이고 이것을 어떻게 세계시장에 드러내야 할 것인지에 대한 고민이 다소 부족한 측면이 있습니다.

아시아 공동체의 진전을 위한 토대 구축

다음으로, 한국의 분단 상황을 극복하고 더 나은 아시아 공동체를 구성하기 위해 좀 더 마음을 열고 지적 기반을 축적해 나가야 할 것입니다. 중국과 한국의 보다 진전된 관계를 어렵게 하는 대목이 바로 한반도 문제입니다. 이것을 우리가 아시아 공동체 차원에서, 그리고 세계 평화 차원에서 어떻게 극복하고 설득할 것이냐를 지식인들이 함께 모색해야 합니다. 이러한 고민의 토대 위에서 양국의 정치인들, 기업인들, 관료들, 국민들을 설득하여 마음을 모을 수 있다면 한층 번영된 아시아 공동체가 보다 빨리 형성될 수 있을 것입니다.

덕(德)에 기초한 한·중관계의 구축

중국과 한국은 단기적인 이익 관계에서 벗어나 서로 번영할 수 있는 장기적이고 본원적인 관계로 나아가야 합니다. 그러기 위해서는 이해득실 이전에 상호간에 덕이 바로 세워져야 할 것입니다. 국제관계에서 덕이라는 말이 비현실적인 것으로 들릴지 모르지만,

덕에 기초한 한·중 관계의 미래는 더욱 밝고 건강할 것입니다.

서울대학교 북경사무소 개설의 기대 효과

서울대학교는 지난해에 북경에 서울대학교 북경사무소를 개설했습니다. 그리고 올해 초에 북경대학교 총장님의 배려로 양 대학의 간부진이 최초로 합동 회의를 할 수 있었습니다. 서울대학교는 지난해부터 'SNU in Beijing'을 통해 정식 학점강의를 북경에 개설하고 있습니다. 또한 북경대, 서울대, 동경대는 공동으로 'Campus Asia'를 운영하고 있습니다. 올해 2월에는 중국 최초의 노벨상(물리학) 수상자이신 칭화대 양전닝 박사가 서울대학교 졸업식에 축하의 메시지를 보내 주셨습니다. 이렇게 서로 학술적 관계가 더욱 굳건해진다면 앞으로 양국 간 정치적·경제적 관계 또한 더욱 발전할 것을 믿어 의심치 않습니다.

한국과 중국은 올해 새로운 지도자를 맞이했습니다. 앞으로는 협력 관계가 더욱 공고해질 것으로 확신합니다. 북경대학교와 서울대학교 구성원들이 힘과 용기를 모은다면 양국의 미래는 더욱 밝아질 것입니다.

글로벌 시대 대학의 바람직한 역할

오연천 총장은 2013년 4월 2일에 히토츠바시대학교 입학식에 초청을 받아 축사를 한 후, 이 대학교의 야마우치 총장과 함께 글로벌 시대 대학의 바람직한 역할과 서울대학교 및 히토츠바시대학교의 글로벌 전략 등에 대해 인터뷰를 진행했다.

2013년도 입학식에 서울대학교 오연천 총장님을 게스트로 모시고 특별강연을 들었다. 글로벌 사회에서 활약할 인재육성을 테마로 내걸고 있는 히토츠바시대학은 학부, 대학원을 합치면 195명(2012년 5월)의 많은 한국인 유학생을 받아들이고 있다. 또한, 2012년 9월에 최초로 해외 아카데미아를 서울에서 개최했다. 우선 가장 가까운 이웃나라인 한국과의 교류를 중시하는 흐름에서 오 총장님을 초빙하게 된 것이다. 이 기회에 2011년에 한국 국립대학으로서 최초로 법인화한 동 대학의 전략과 글로벌 시대의 대학의 바람직한 모습 등에 대해 오 총장님께 말씀을 들었다.

야마우치: 총장, 이번 본교 입학식에 와주셔서 감사합니다.

오: 저야말로 초청해 주셔서 감사합니다. 저도 이번 기회에 많이 배웠습니다. 히토츠바시대학 학생들의 사려 깊은 태도와 스스

로 통제하는 정신, 그리고 입학식을 조직적으로 운영하는 교원 여러분의 헌신적인 모습에 감명을 받았습니다. 서울에 돌아가면 대학 교원들과 학생들에게 이 일을 말할 생각입니다.

재정문제 해결을 위해서는 국민의 공감대 형성이 가장 큰 난관

야마우치: 총장님께서는 왜 재정학을 선택하셨나요?

오: 저는 학생시절에 정치학을 전공하고 국가시험에 합격한 후 공무원으로 몇 년간 일했습니다. 그 후 미국으로 유학 가 박사학위를 마쳤습니다. 정치학은 권력을 바탕으로 국가운영에 필요한 공적 목표를 추구하기 위한 집합적 대응을 어떻게 하느냐를 배우는 학문입니다만 그 핵심 수단이 재정입니다. 정치과정에서는 재정면에서 접근하는 것이 가장 설득력이 있습니다. 이렇게 정치적인 의사결정에서 재원 조달과 배분이 가장 중요한 과제임을 고려

했기 때문입니다.

야마우치: 그렇군요. 그럼 꼭 여쭙고 싶습니다만 재정 전문가로서 세계적으로도 대단히 심각한 일본 재정문제, 해결할 수 있다고 희망을 가져도 될까요?

오: 희망이 있다 없다고 이원론으로 답변하는 것은 적절하지 않을 수 있습니다. 왜냐하면, 앞으로 일본은 재정문제 해결을 위해 어떻게 임할 것인가를 생각하는 것이 아주 중요하다고 생각하기 때문입니다. 재정문제를 해결하기 위해서는 국민의 공감대를 얻는 것이 가장 큰 난관이 될 것입니다. 국민을 대표하는 정치가는 선거에 당선되기 위해 노력하기 때문에 국민에게 부담스러운 이야기를 하기 힘들 것으로 생각합니다. 그러나 재정 건전화를 위해서는 중장기적인 관점에서 국민에게 부담되는 것도 요구하는 용기를 가질 수 있느냐가 중요합니다. 득표와 재정 건전화 사이에는 갈등이 존재합니다만 이것을 최소화하는 노력이 필요합니다. 이 문제는 일본뿐만 아니라 세계 어느 국가나 갖는 공통적인 문제라 생각합니다. 정치가는 눈앞의 문제에만 임하는 것이 아니라 미래 세대를 위한 일도 고려하는 용기와 지혜가 필요함을 강조하고 싶습니다.

보편적인 가치 창조가 대학의 역할

야마우치: 대단히 참고가 되었습니다. 세계에는 이런 보편적인

문제가 있군요. 기회가 된다면 이 주제로 심포지엄 등을 개최해서 식견을 넓히고 싶습니다. 그런 뜻에서도 대학이 맡은 역할의 중요함을 느꼈습니다.

그나저나 서울대학교는 말할 나위도 없이 한국에서 가장 뛰어난 대학으로 불리며 세계적으로도 유명합니다만 서울대학교의 가장 뛰어난 점과 긍지를 가지시는 점은 어떤 점일까요?

오: 자화자찬입니다만 서울대학교 학생들의 장점은 '창의성이 뛰어나다'는 한마디로 표현할 수 있다고 생각합니다. "어떻게 하면 새로운 가치 창조에 기여할 수 있는가"라는 관점에서 학생들을 교육하고 있습니다. 여기에는 두 가지 관점이 있습니다. 하나는 한 사람의 인간으로서의 기본을 중시하는 소위 '인본주의'적인 관점이고, 또 하나는 '글로벌 마인드'를 육성하는 관점입니다. 글로벌 마인드를 갖기 위해서는 다양성에 대한 이해와 오픈 마인드와 같은 요소가 필요하며 이를 갖춰야 사회적 책무를 완수할 수 있게 된다고 생각합니다. 약자에 대한 배려의 필요성과 개발도상국이 안고 있는 과제를 이해하고 격차를 시정함으로써 국가와 지역, 국제사회 간의 공존공영을 도모할 수 있습니다. 이러한 바탕이 있어야만 보편적인 가치 창조가 가능해질 것으로 믿습니다.

야마우치: 멋진 이야기이네요. 글로벌 마인드의 육성, 보편적인 가치 창조에 대학이 맡은 역할이 크겠군요.

오: 학생을 지도하고 평가하는 교원은 물론, 사회, 정부도 포함해 글로벌 차원에서 어떠한 가치 창조를 지향할 것인가 하는 가치기준을 공유하고 우선은 학생들의 마음가짐을 제대로 정리해 둘 필요가 있다고 생각합니다. 그리고 학부모들의 학생에 대한 기대치를 학생들의 역량과 포부에 맞추는 노력이 필요합니다. 대학은 전문분야를 가르치는 것도 중요하지만 각 교원이 글로벌한 가치기준에 맞춰 가르치는 것도 대단히 중요하다고 생각합니다. 쉬운 일은 아니겠지만요.

글로벌 마인드를 갖기 위해서는

야마우치: 일본 대학은 개성적인 교원이 각자의 특징을 살려 가르치기 때문에 통일된 가치기준으로 가르치는 것은 어려울 수도 있습니다만 보편적인 가치 창조에 공헌할 수 있는 인재육성은 짚고 가야 할 관점이라 생각합니다. 그 점에서 히토츠바시대학도 글로벌 사회에서 활약할 수 있는 인재육성을 주제로 내걸고 있습니다만 글로벌화에 대해서는 단순하게 유학을 촉진하는 시책에 집약되는 면이 있습니다. 우선은 외국에 나가서 많은 것을 보고 경험해 보는 것이 필요하다는 사고방식입니다.

오: 히토츠바시대학은 도쿄에 있고 서울대는 서울에 있습니다만 대학은 'university'이지요. 즉, 어원은 'universe'(전 세계)고 어느 지역에 있는가가 중요한 것이 아니라 사람들이 공통의 지식을 배울 수 있는 곳이 대학이라 생각합니다. 즉, 대학이 역사적으로 형

성되어 온 과정에서 이미 글로벌 마인드가 포함되어 있다는 뜻입니다.

최근에 경제문제나 기후변화, 에너지 문제, 인권문제 등 글로벌 이슈가 부상하고 있습니다. 이러한 문제가 국가 간의 경쟁이라는 관점에서 다루어진다면 그것으로는 제한적인 문제 해결에 그치고 맙니다. 지구 규모의 문제로 다루고 접근할 필요가 있습니다. 그런 관점에서 생각하면 어느 나라의 대학에서든 접근할 수 있습니다. 요컨대 문화적 다양성을 이해하는 오픈 마인드를 갖는 것이 중요하다는 것입니다. 그런 점에서 유학은 하나의 수단이 될 수 있다고 생각합니다.

야마우치: 글로벌 마인드를 갖기 위해서는 다양성에 대한 이해와 오픈 마인드가 중요하다는 총장님의 의견에 저도 동의합니다. 서울대학교에서는 이를 고려한 구체적인 시책을 갖고 계시는지요?

오: 올해 9월부터 아시아 지역의 교원에 대해 박사학위를 수여하기 위한 프로그램을 시작합니다. 이를 통해 글로벌한 관점을 겸비한 영향력 있는 교원을 양성하고 아시아 발전에 일조하고자 합니다. 히토츠바시대학에도 협력을 요청 드리고 싶습니다.

야마우치: 말 그대로 오픈 마인드의 훌륭한 시도네요. 기쁜 마음으로 협력하겠습니다.

'natio'의 집합체가 'universitas'로

오: 야마우치 학장님은 중세 국제법을 전공하셨다고 들었습니다. 대학이 만들어진 중세 유럽은 총장님의 전공과 깊은 연관이 있을 것 같습니다. 그 당시의 보편적인 가치란 신의 존재였습니다. 그 보편적 가치를 추구하기 위해 질서가 필요해지고 법률이 만들어진 것으로 생각합니다. 대학의 출발점인 학문은 신학과 법학이라고 합니다. 그러나 19세기에서 20세기에 걸쳐 보편적인 가치는 국가 간의 경쟁이라는 세속적인 것으로 바뀌어 버렸습니다. 대학은 다시 한 번 본질적인 가치를 추구하기 위해 협력 체제를 구축할 필요가 있습니다. 외국 대학의 총장을 입학식에 초청하는 것은 진정한 글로벌 마인드의 표출이라 생각합니다. 그런 히토츠바시대학이 아시아를 비롯한 세계의 선두에 서기를 기대합니다.

야마우치: 제 전공에 대해서도 언급해 주셔서 감사합니다. 영어 'university'는 라틴어 'universitas'가 어원이며 'universitas'에는 '보편'이나 '조합', '전체', '세계'라는 의미가 있습니다. 세계에서 가장 오래된 'universitas'는 현재 볼로냐대학교로 알려져 있습니다만 그곳에 유럽 각국에서 사람들이 모였던 것이지요. 한편 국가를 뜻하는 'nation'은 라틴어 'natio'가 어원인데, 이 단어에는 '탄생한다'는 뜻이 있습니다. 즉, 같은 곳에서 태어난 사람들의 모임이 국가라는 것이지요. 그리고 'natio'의 집합체가 'universitas'라고 생각하면 말 그대로 세계는 각각의 개성을 지닌 국가가 서로 살며 하나로 뭉치는 공동체인 셈입니다. 총장님이 말씀하신 '보편적인

가치'가 중요함을 잘 알 수 있습니다. 다양성을 바탕으로 보편적인 진리를 탐구하는 것이 대학의 본 모습이라는 것이지요.

오: 맞는 말씀입니다.

가치 있는 연구와 교육 추구가 법인화의 목적

야마우치: 그나저나 일본의 국립대학은 2004년에 법인화했는데 서울대학교도 2011년에 한국에서 최초로 법인화했다고 들었습니다. 어떤 이유에서 법인화하신 건가요?

오: 다른 국립대학들도 법인화를 선택할 수 있었는데 서울대학교만 선택했습니다. 그 핵심 목적은 자율성 확보에 있습니다. 정부의 간접적인 통제는 남지만, 직할이 아니므로 자율성을 가질 수 있습니다. 그리고 대학으로서 자율성을 확보하는 것은 필연적이라 생각합니다. 그 이유는 교육하고 연구하는 기관인 대학은 일반적인 행정기관과는 다른 특수성을 발휘해야 하기 때문입니다. 법인화하는 것 자체가 목적이 아니며, 또한 법인화로 자율성을 획득하는 것이 최종 목적도 아닙니다. 가치 있는 연구와 교육을 추구하는 것이 목적이며 자율성은 이를 위한 불가피한 수단입니다.

야마우치: 일본 대학의 법인화도 영향을 미쳤나요?

오: 영향을 받았지요. 단, 일본의 경우 행정개혁의 일환으로 모

든 국립대학을 동시에 법인화를 했습니다만 서울대학교의 경우는 대학 자율을 기본목표로 "서울대학교 법인화법"이라는 특별법을 만들고 정부가 재정을 보장함을 명시했습니다. 이로 인해 기존의 정부 재정지원이 확보되고 또한 대학발전에 필요한 추가적 재정 지원이 가능하게 되어, 매년 1%의 예산이 삭감되는 일본 국립대학의 법인화 사례와는 다르다고 생각합니다.

야마우치: 말씀대로 일본 국립대학 예산은 감소경향에 있습니다. 이 점을 어떻게 해야 할지 가끔 고심하기도 합니다만 일본의 국립대학 법인화도 첫째 목적은 자주성 획득입니다. 독립행정법인이 되었습니다만 상당히 특수해서 법적으로 대학 자치는 보장되는 형태입니다.

오: 자율성에는 동전의 양면과 같은 요소가 있다고 생각합니다. 저는 부모자식 관계와 비슷하다고 생각합니다만 자식이 결혼하고 가정을 꾸리면 부모에게서 멀어져서 자유롭게 되지만, 가정 운영에 책임을 져야 합니다. 대학 법인화로 자율성이 주어지지만 국민에 대한 책무를 다할 필요가 있습니다. 서울대학교는 법인화로 조직을 혁신하고 보다 발전시켜 나가야만 합니다. 국민으로부터 그러한 명령을 받은 것이나 마찬가지입니다.

야마우치: 국립대학이 법인화하는 것은 대단히 큰 변화이므로 서울대학교의 경우도 법인화가 순조롭게 진행되지는 않았을 것

같은데요.

오: 네. 국회에서 야당이 반대했고 교원과 학생의 일부가 반대했습니다. 그러한 반대세력을 이해시키고 공감을 얻기 위해 저희 간부들이 상상을 초월하는 노력을 한 것도 사실입니다. 이와 동시에 '서울대학교 발전기금'을 마련하여 널리 사회로부터 기부금을 모으는 데도 힘썼습니다. 정부 예산뿐만 아니라 새로운 시도를 하기 위한 자금을 확보하기 위해서입니다. 저희는 1인 2역, 3역까지 하면서 대학의 비전과 미션을 끈질기게 알리고, 공감을 얻기 위해 계속 활동을 했습니다.

야마우치: 자주성을 얻기 위해 그렇게까지 열심히 활동하신 것에 대해 경의를 표합니다. 그런데 히토츠바시대학에는 학부, 대학원을 합치면 195명이라는 많은 한국인 유학생이 재학중입니다. 특히 학부생은 124명이며 2위의 중국인 유학생 41명을 크게 웃돌고 있습니다. 그들이 어떤 것을 배우고 몸소 익히기를 바라십니까?

오: 한국 학생들은 지금까지 유학 대상국으로 구미의 대학과 대학원을 고르는 경향이 높았던 것 같습니다. 일본에서 배우는 유학생들 중 미국과 영국 유학이 아닌 점을 불안하게 생각하는 사람이 있을 수도 있겠지만, 전혀 그런 걱정을 할 필요가 없습니다. 히토츠바시대학을 비롯해 일본대학에 유학중인 한국인 학생은 수료 후에 활약할 수 있는 더 많은 기회가 주어질 것으로 생각합니다.

그 이유는 한국에서는 지금 정치, 경제, 사회에 급격한 변화가 일고 있으며 세계의 모든 지역에서 경험을 쌓은 문화적 다양성을 가진 인재를 더욱 요구하게 될 것이기 때문입니다. 한국에서 가장 가까운 이웃나라이자 문화면에서도 유사성이 있으며 경제교류 수준도 높은 일본에서 교육을 받은 학생들에게는 앞으로 활약할 기회가 더 많이 찾아올 것으로 생각합니다.

야마우치: 그렇게 말씀해 주시니 저희들도 더욱 힘써야겠다는 생각이 듭니다.

과학기술의 아시아화 역할을 다한 일본

오: 19세기 후반부터 일본의 학문은 서양의 근대과학이 토대가 되어 형성된 것으로 생각합니다. 그리고 일본은 이러한 전통적인 과학기술을 아시아화하는 데 역할을 했습니다. 일본에서 배우는 것은 아시아의 학문의 전통을 기반으로 한 체계 속에서 학습할 수 있다는 장점도 크다고 생각합니다. 예를 들어, 재정학 분야의 경우 한국의 많은 교원이 구미 대학에서 배웁니다만, 한국의 재정제도 자체는 일본의 것과 유사한 것이 많습니다. 사회과학은 문화적·지리적인 속성을 이해하며 배우는 것이 유용합니다. 히토츠바시대학은 일본 내 사회과학 부문의 최고급 대학 중 하나지요. 히토츠바시대학은 작년에 '서울 아카데미아'를 개최했습니다만 올해 테마는 고령화 사회라고 들었습니다. 한국도 이미 고령화 사회를 맞이합니다만 20년 정도 먼저 경험한 일본의 사례를 참고할 점이

많다고 생각합니다.

야마우치: 작년에 처음으로 '서울 아카데미아'를 열었습니다만 호평해 주시니 기쁩니다. 앞으로도 계속해서 개최하려 하니 협력 부탁드리겠습니다. 마지막으로 히토츠바시대학에 바라는 것이 있으면 말씀해 주십시오.

오: '서울 아카데미아'에도 한국 대학이 참가했습니다만 히토츠바시대학은 아시아의 여러 대학과 교류를 하고 있지요. 멋진 일이라 생각합니다. 앞으로도 계속해 주셨으면 하고, 서울대학교와 연구영역뿐만 아니라 교육면에서도 서로 아이디어를 주고받으며 글로벌 마인드를 갖춘 학생을 키워 나갈 수 있었으면 합니다. 그리고 양국 국민이 서로 배우고 나누는 일을 확대해 갈 책임은 양국의 지식인들에게 있다고 생각합니다.

동아시아의 계몽적 가치와 시민적 합의(Enlightened Values and Civil Consensus for East Asia)

오연천 총장은 미국 스탠포드대의 초청으로 2014년 2월 6일 스탠포드대 Philippines Conference Room에서 70여 명의 교수와 학생 등이 참여한 가운데 '동아시아의 계몽적 가치와 시민적 합의'를 주제로 특강을 하였다.

세계 정상에 우뚝 솟은 학문의 전당에서 오늘 이렇게 강연을 할 수 있게 된 것을 큰 기쁨이자 영광으로 생각합니다. 저에게 이러한 소중한 기회를 주신 데 대하여 스탠포드대학 관계자 여러분께 진심으로 감사 드립니다.

동양의 문화전통은 60년을 주기로 하여 세상을 보는 특징이 있습니다. 2014년은 푸른 말의 해입니다. 푸른 말처럼 역동적 기운이 넘치는 해가 되기를 기원합니다.

한국의 교수들은 2014년 새해의 열망으로 '전미개오'(轉迷開悟)라는 사자성어를 선택하였습니다. 과거의 미망과 오류를 바로잡아 세상을 밝게 이끌자는 뜻입니다. 저는 이 말의 함의를 통해 동아시아의 과거와 현재를 진단하고 미래를 모색해 보고자 합니다.

한국, 중국, 일본을 포함한 동아시아는 20세기 후반 이후 정치

이 발표문은 한상진 사회학과 명예교수의 초고를 토대로 유홍림 정치학과 교수의 수정, 그리고 대학간부들의 종합검토를 거친 후 필자가 최종 완성하였다.

적·경제적으로 가장 주목받는 지역입니다. '극동'(Far East)이라는 지리적 용어가 어색할 정도로 동아시아는 이제 세계경제에서 차지하는 위상과 세계평화에 기여하는 측면에서 중심권으로 부상하고 있음을 부인할 수 없습니다. '동아시아에 인류의 미래가 있다'는 말이 과장으로 들리지 않을 만큼 동아시아에서는 성장과 변화의 다이내믹스가 이어지고 있습니다.

이러한 동아시아의 부상과 대조적으로 이 지역에 순조롭지 않은 조류가 흐르고 있음을 목격할 수 있습니다. 세계적인 석학 위르겐 하버마스(Jurgen Habermas) 교수는 최근 한 일간지와의 인터뷰를 통해 "민족주의 감정이 오늘날 동아시아를 휘젓고 있다."고 말했습니다. 또 이런 현상은 "동아시아의 미래를 위해 반드시 극복해야 할 과제"라고 진단했습니다. 그의 견해에 전적으로 공감할 수는 없다고 하더라도 그가 지적하는 '극복해야 할 위기상황'이 존재하고 있음은 분명합니다.

미래는 과거의 토양에서 양분을 얻어 성장하는 나무와 같고, 미래를 이끄는 힘은 역사에서 나옵니다. 역사는 현실을 이해하고 정체성을 확립할 뿐 아니라 미래의 나아갈 길을 밝혀 주는 발판입니다. 따라서 우리는 '과거를 잊고 미래로 나가는 것'이 아니라 '과거를 분명히 파악하고 역사 안에서 성장하는 미래의 에너지를 발견'해야 합니다.

과거의 유산을 극복하고 미래지향적 합의의 길로

저는 동아시아 국가들간의 갈등을 증폭시키는 과잉민족주의, 또는 배타적 민족주의의 유산을 성찰하고, 계몽적 가치의 토대 위에 공감대를 형성하는 노력이 긴요하다고 생각합니다.

저는 동아시아 공동체의 안정을 해치는 과잉민족주의적 조류와 이로 인한 갈등이 가까운 미래에 쉽게 해결될 것 같지 않다고 생각합니다. 이 문제의 원인은 다양하지만, 이웃 나라의 고통스런 경험과 결부된 과거 역사 문제를 진정으로 반성하고 이를 현재와 미래의 시대정신으로 승화시키려는 노력이 결여되었기 때문입니다. 오히려 과거의 오류를 재현시키려는 행태마저 목격되기도 합니다.

그러면 우리는 어디로, 어떻게 나가야 할까요? 문명사회의 인류의 보편적 가치관, 이를 실현할 주체와 실행방향을 동아시아 역사 안에서 찾고 확산하는 것입니다. 환언하면 아시아 시민사회 저변에 존재하는 미래지향적 에너지를 찾는 것입니다. 저는 이러한 탐색과정에서 추상적이고 애매하지만 '계몽적 합의'(enlightened consensus) 또는 '시민적 합의'(civil consensus)라는 개념을 활용하고자 합니다.[1]

---

1 'Civil'이란 뜻은 시민이 중심이 된다는 뜻도 있지만 '개명된' 또는 '계몽된'이라는 뜻도 있습니

동아시아 근대의 첫 주기 60년 회고

저는 오늘 논의를 위한 역사적 전개를 120년 전 19세기 후반, 2차대전 이후의 20세기 중반, 그리고 60년이 지난 현 시점의 3단계로 나누어 설명하고자 합니다. 지금으로부터 120년 전, 즉 1894년의 상황을 동아시아 근대의 첫 주기로 삼아 논의를 시작하겠습니다. 당시 동아시아는 과학과 기술, 근대적 무기로 무장한 서양의 팽창(expansion)이 던진 충격과 도전 앞에서 진통을 겪고 있었습니다. 대외정세가 긴박했고 이 과정에서 일본의 선제적 대응은 아시아 속에서의 유일한 근대국가의 발판을 마련했습니다. 명치유신 이후 부국강병의 길을 걸었던 일본은 아시아의 강자로서 대륙진출을 시도했습니다. 청일·러일 전쟁의 승리, 한반도 병합, 중일전쟁, 2차대전으로 이어지게 되었고, 이것이 오늘날까지 동아시아 역사적 흐름의 잔영으로 남아 있게 되었습니다. 이러한 과정에서 일본은 주변국들 뿐만 아니라 미국을 포함한 서구 열강에게도 씻기 어려운 상처와 고통을 남겼음은 우리가 다 알고 있는 역사적 사실입니다.

19세기 후반 이래 20세기 중반의 60여 년 간 아시아의 패권적 국제질서에서 가장 큰 희생양은 한국과 중국이었습니다. 일본의 한반도 강점이 일본의 패전에도 불구하고 전후 승전국가 간 이데

다. '워싱턴 합의'나 '베이징 합의'처럼 경제정책을 중심에 놓는 것이 아니라 사회와 문화 그리고 이에 바탕을 둔 정치발전을 아우르는 개념입니다.

올로기 대결로 인해 한국을 분단 상황으로 치닫게 만들었고, 중국은 내전을 겪고 통일국가로 진입하게 되었습니다.

한반도 분단과 동아시아 근대의 둘째 주기 60년

제2차 세계대전의 종결 이후 두 번째 60년 주기를 맞으면서 상황은 변화했습니다. 역경을 이겨 내면서 이룩한 성장, 새로운 차원의 긍지와 자신감의 시대가 전개된 것입니다. 일본은 1955년, 자민당이 지배하는 '전후체제'의 출범 후 평화헌법에 기초하고 미 군사력에 의존하면서 세계 경제강국으로 부상하였습니다. 일본의 경제력은 상당 기간 세계 2위를 지켰고 타의 추종을 불허하는 첨단 기술, 부품소재 산업을 발전시켰습니다. 일본의 제도와 문화를 배우자는 열풍이 서구를 휩쓴 때도 있었습니다.

중국은 모택동 혁명을 성공시켜 서구와는 다른 체제, 문화, 세계관을 이끌어옴으로써 더욱 극적이고 인상적이었습니다. 1970년대 말에 역사적 개혁·개방의 물꼬를 트면서 30년 간 전대미문의 급속한 경제성장의 길을 밟게 됩니다. 광활한 영토와 13억의 인구를 가진 대국이 수십 년간 연평균 10% 정도의 성장을 이룩한 것은 가히 기적 같은 일입니다. 도처에서 금융위기가 도래했음에도 중국은 끄떡하지 않고 역설적으로 시장경제에 숨통을 여는 세계 생산·소비기지의 역할을 수행하고 있습니다.

한국은 전후 전쟁의 폐허를 딛고 일어나 산업화와 민주화의 두 수레 바퀴가 같이 작동하여 눈부신 발전을 이루었습니다. 전쟁으로 인한 처참한 파괴, 빈곤, 좌절, 혼란을 생각할 때, 한국의 성취는 가히 경이적인 것이었습니다. 세계 11위의 경제력을 갖춘 국가가 되었고 세계 최첨단 지식 정보 기술 강국이 되었습니다.

안타깝게도 이러한 과정을 거치면서 동아시아 지역은 치유와 화해, 공존의 기틀을 견고히 하는 노력이 결여되었고, 때론 서로의 불신과 모순, 갈등이 증폭되는 양상이 전개되었습니다.

1894년 이후 세 번째 60년의 주기가 새롭게 시작하는 2014년, 동아시아는 어디에 서 있을까요? 어떤 도전에 직면해 있으며 어떤 책무를 수행해야 할까요? 이런 논의에 있어 가장 중요한 전제조건은 과거의 반성, 단절, 그리고 말에 그치지 않고 지속적 실천을 통해 신뢰를 구축하는 데 있습니다. 이런 점에서 독일의 사례는 귀감이 되고 있습니다.

과잉민족주의의 유산을 어떻게 극복해야 하는가

현재 동아시아에서 갈등을 야기하는 요인들 중 하나로서 이미 확립된 보편적 문명가치에 대한 공동체의 확신을 저해하는 흐름이 존재하고 있다는 점을 들 수 있습니다. 특정 지역에서 과잉민족주의 또는 우월적 패권주의 행태가 노정되고 있음이 그러한 흐름의 예입니다. 이는 시민적 '양심'이나 품격이 도덕적 판단의 근거가 되지 못하는 특유의 '집단이기심리'에 기인한 것입니다.

제2차 세계대전의 종결로 정리되었던 반 문명적 유산을 부활시키려는 일부 정치세력의 집요함은 동아시아의 많은 교양 시민들을 당혹케 하고 있습니다. 이들은 과거에 대한 반성은커녕 '반성'을 '자학'으로 여기고 있는 경향마저 있습니다.

과거 행위에 대한 비판과 반성이 견고하게 이어지지 못할 경우 개인과 사회의 내면적 미덕(virtue)은 무력해질 수 있습니다. 과거 역사에 대한 진정한 반성은 인류와 세계시민의 계몽적 가치를 견고히 지켜 나갈 때 가능해진다는 역사적 사실을 간과해서는 안됩니다.

계몽적 가치에 호소하는 방식을 힘이 약한 국가가 선택하는 소극적 전략으로 폄하해서는 안됩니다. 인권, 정의, 평화, 민주주의 등의 계몽적 가치는 전쟁과 억압의 경험에 대한 진지한 반성을 통해 어렵게 획득된 인류 전체의 자산이자 공존의 법칙입니다. 그렇기에 이러한 가치를 공유할 수 있는 국제적 연대 구축이 긴요하다고 생각합니다.

계몽적 가치의 보편화 가능성

계몽적 가치는 인류의 경험을 토대로 형성된 신념이며, 공유된 경험에 대한 기억을 토대로 합니다. 공동체는 과거 경험에 대한 '기억'의 공유와 반추를 통해 형성됩니다. '인류공동체'의 계몽적 가치는 인류가 직·간접적으로 체험한 경험에 대한 반성을 공유하고 끊임없는 실천을 통해 도덕적 신념으로 자리잡게 됩니다. 예컨대 제2차 세계대전 이후 세계인권선언 제정을 계기로 진행되어 온 인권 확보의 노력은 인류 차원에서의 경험 공유와 실천의 과정이라고 할 수 있습니다.

실제로 계몽적 가치에 대한 공감대가 형성되는 과정에서 사랑, 우정, 신의, 사회적 연대 등 감성적 요소가 중요한 몫을 차지합니다. 일부 학자들은 계몽적 가치의 확산이 합리주의 도덕철학이 강조하는 도덕률에 의해서가 아니라 이른바 '감성의 진보'(a progress of sensibilities)에 의해 가능하다고 지적하면서 '감성 교육'의 중요성을 강조하고 있습니다.

'시민적 합의'(civil consensus)의 가능성

계몽적 가치의 내용과 범위는 역사 과정을 통해 심화되고 그 범위가 확대되는 것이기 때문에 '주어지는' 것 또는 '발견되는' 것이 아니라 '획득되는' 것이라고 볼 수 있습니다.

저는 계몽적 가치에 대한 인식의 확산과 그 실천의 제도화는 동아시아 나아가 세계 평화와 공영을 이루기 위한 필수조건이라고 믿습니다. 저는 이러한 가치 실현 노력의 일환으로 지속적으로 성장하고 있는 '시민'에 주목할 필요가 있다고 봅니다. 서로 다른 길을 걸었지만, 급속한 변동과정에서 동아시아 시민들이 겪은 상처와 고통을 서로 이해하고 배려하는 마음이 중요하기 때문입니다. 정치적으로 침묵하는 이들의 변화욕구를 정치에 투입시키는 길을 찾아야 합니다.

저는 무엇보다 다수시민의 공통분모를 찾는 노력이 필요하다고 생각합니다. 이러한 과정에서 이들이 동아시아 현실을 어떻게 보는지, 어떤 변화를 요구하는지, 어떤 행동의 잠재력이 성장하고 있는지를 밝히는 분석이 도움이 된다고 생각합니다.

저는 한국과 중국 학자들에 의해 2012년 수행된 서울-베이징-동경 시민의식조사를 살펴보고자 합니다. 조심스럽게 몇 가지 시민의식의 공통분모를 정리해 보겠습니다.

첫째, 서울-베이징-동경 시민은 근대화의 결실을 평가하면서도 삶의 위험이 다차원적으로 증폭된 데 대하여 민감한 반응을 보이고 있습니다.

둘째, 서구로부터 배울 점은 더 배워야 한다고 생각하지만 이제는 단순한 서구의 모방이 아니라 정체성이 살아 있는 발전의 길을 걸어야 한다고 생각하는 경향이 뚜렷합니다.

셋째, 정부에 대한 신뢰는 전반적으로 저조합니다.

넷째, 도시의 미래에 대하여 정부가 이끄는 기존의 발전보다 시민의 적극적 참여방식을 지지합니다.

다섯째, 삶의 조건에 대한 불확실성 속에서 국가안보 못지않게 시민생활의 보장과 행복이 중요하다는 인식을 하고 있음이 뚜렷이 나타납니다.

여섯째, 가족의 상부상조 기능의 약화와 개인의 이기주의적 추이를 중요한 사회문제로 여기고 있습니다.

일곱째, 동아시아 시민들 간의 교류에 적극적인 편으로 상대국의 역사, 문화, 습관, 취향, 드라마, 노래, 춤 등에 관하여 관심을 갖습니다. 상호 방문, 친구 사귀기, 유학, 결혼 등에도 개방적 태도가 발견됩니다.

위에서 지적한 요약은 조사결과의 일부를 편의적으로 간추린 것입니다. 그럼에도 제가 이것을 인용하는 이유는 동아시아 시민들이 '삶의 질'의 향상에 우선 순위를 두고 있다고 보기 때문이며 국가 간 대결양상에는 상대적으로 무관심한 편입니다.

특히 관심을 끄는 것은 급격히 성장한 중산 시민층이 세 도시 어디서건 매사에 더 참여적이고 여러 차원에서 일관되게 사회정의와 공평성을 요구한다는 사실입니다.

원자력 발전소 건립에 관하여 서울-베이징-동경의 중산 시민층은 어느 집단보다 위험에 민감하게 반응하는 것으로 나왔습니다. 일본의 과거청산 문제에 관해서도 징벌적 정의(retributive justice)의 입장을 택하기보다 일본 시민이 겪었던 원폭의 고통과 상처를 헤아리는 조건 없는 배려(unconditional care)의 입장을 지지하는 것으로 나타났습니다.

이런 연구 결과는 암시적이지만 위안도 줍니다. 왜냐하면 편향된 이웃국가 간의 대결 양상은 과거의 고정관념에 익숙한 정치인들이 일부 경도된 집단들과 어울리면서 사태를 악화시키는 것에도 원인의 일부가 있다고 볼 수 있기 때문입니다. 21세기 다수 시민들을 대변하는 것은 아니라는 반론의 근거가 될 수 있습니다. 그럼에도 주목할 점은 젊고 교양 있는 미래지향의 시민집단들은 불행히도 정치에서 침묵하는 다수로 남아 있다는 점입니다. 이들의 공통요구를 어떻게 시민적 합의로 발전시킬 것인가가 중차대한 과제입니다.

인문주의적 가치와 중용·공생의 자세

다음으로 계몽적 가치를 지향하는 시민적 합의의 가능성과 관련해 가설적인 수준이지만 몇 가지 긍정적 징후들을 제시해 보겠습니다.

동아시아의 중산 시민층은 사적인 영역으로 도피하거나 국가의 권위에 복종하는 피동적인 시민이 아니며 공익과 공덕(public virtue)에 관심을 갖는 시민, 열린 토론으로 공론장을 이끄는 능동적 시민이라는 기대입니다. 이것은 유교가 지식과 교양을 갖춘 집단에게 요구해 온 실천 규범이기도 합니다.

흑백논리를 떠나 역동적 균형 또는 중용의 가치가 어느 때보다 중요해지고 있습니다. 중산층의 성장은 역동적 균형의 사회적 토대로 작동합니다. 중산 시민층은 진보와 보수의 양 날개를 펼칩니다. 동아시아에서는 개인과 공동체의 관계가 상호적입니다. 개인화가 진전된다고 해서 가족·사회 공동체가 힘을 잃는 것이 아니라 같이 변하며 어울립니다.

어느 때보다 공생의 가치가 중요해지고 있습니다. 현실의 불평등이 심화될수록 공생과 공존의 가치가 확산됩니다. 그 뿌리에는 공생을 지향하는 동아시아 규범문화가 있습니다. 당연히 정부는 민생문제 해결을 강하게 요구받습니다. 중산 시민층은 자신의 이익에만 집착하는 것이 아니라 약자와의 공생을 추구하고 그들을 중산층으로 끌어올리는 노력을 전개해야 한다는 것입니다.

동아시아 인본주의 전통이 새로운 발전을 자극하고 있습니다. 인적자원의 개발, 인간의 적성 개발을 위한 교육의 중요성이 더욱 강조되어야 합니다. 특히 한 국가의 국민이면서 교양세계시민으로서의 자질과 역량을 갖춘 미래 인재를 양성하는 노력을 공통으로 전개해 나가야 합니다. 대학은 한 국가의 목표와 문화적 특성을 넘어서는 인류의 보편적 가치창출에 매진해야 할 책무를 안고 있기 때문입니다.

다른 입장의 경청과 설득·합의 과정이 중시되어야

선과 악의 이분법, 양자 대결 대신 유교 문화권에서는 상대를 배려하는 소통문화가 보편적 의미를 갖는 것으로 볼 수 있습니다. 소통은 언제나 의견이 다른 타자의 의견을 경청하고 존중하는 데서 출발합니다. 따라서 설득과 합의 등 일련의 과정이 중요해집니다.

우리의 논의는 이제 유교 자본주의나 아시아적 가치 등을 설명하고 합리화하는 수준을 넘어서야 합니다. 대신 우리는 동아시아를 포함하여 인류가 당면한 문제에 관심을 가져야 합니다. 급속한 글로벌 시장경제의 전개와 기술혁신으로 인해 발생되는 부작용 앞에서 삶의 안전을 어떻게 증진할 수 있는가를 깊게 생각해야 합니다. 새로운 거버넌스(governance) 구축에 동아시아 국가들이 어떤 공헌을 할 수 있는가를 제시할 수 있어야 합니다. 인류번영의 조건을 다시 깊게 헤아리는 계몽적 가치를 탐색해야 한다고 생각합니다.

이른바 '워싱턴 합의'로 지구적 위험을 관리하는 것은 불가능한 것처럼 보입니다. 1989년 주창된 워싱턴 합의는 소련과 동구의 몰락 이후 각광을 받았습니다. 그러나 2008년 금융위기 이후 의문이 커지고 있습니다. 자유시장을 신봉하는 10개 정책 항목들은 아마도 세계 시장경제에 활력을 넣을 수는 있겠지만 국내·국제적으로 증가하는 불평등, 양극화, 금융불안, 경제위기, 사회갈등과 대립을 막는 데 유효할지에 의문이 있습니다.

그렇다면 혁신, 공평, 자결의 3대 공리로 꾸려진 2004년의 '베이징 합의'는 대안이 될 수 있을까요? 분명한 점은 베이징 합의는 중국 발전경험에 기초하여 만들어진 것은 아니라는 점입니다. 베이징 합의는 국가 단위의 경제조직과 주권 행사에 관심을 가질 뿐 시민 차원의 정치적 참여와 자기결정의 문제는 포함되어 있지 않습니다. 민주주의와 인권의 토대에 우선순위가 주어지지 않는 세계관이 보편적 타당성을 가질 수 있는가에 깊은 성찰이 이어져야 할 것입니다.

동아시아의 정체성 높이는 대학의 공동책임

오늘 제가 탐색한 계몽적 합의 또는 시민적 역할의 담론은 동아시아의 정체성을 높이고, 세계정치, 경제질서에 기여하는 미래의 동아시아로 전진해야 한다는 믿음을 배경으로 하고 있습니다. 동아시아는 '인간의 삶을 중시하는' 민주주의와 인권의 신장, 양극화 해소와 빈곤의 퇴치, 국가 간 갈등과 대결의 해소를 위해 국제사회의 구심적 역할을 수행할 시대적 책임을 안고 있습니다.

저는 이런 새로운 길을 탐색하는 데 대학과 지식인 사회의 선도적 역할을 강조하고자 합니다. 대학은 고전의 풍부한 영감과 과학적 진리를 현대에 접목시키는 탁월한 두뇌가 모여 협동하는 곳입니다. 우리가 직면한 글로벌 과업에 대응하기 위해서는 새로운 상상력을 요구합니다. 대학은 어느 때보다 시민에게 가까이 가서 대화를 해야 합니다. 특히, 대학은 침묵하는 다수, 조직되지 않아 자신의 목소리를 내지 못하고 어려운 삶의 조건 속에서 변화의 욕구를 지향하는 시민의 진정한 목소리를 들을 수 있어야 합니다. 고전의 풍부한 영감과 진화하는 과학적 가치, 그리고 시민의 목소리를 결합하여 새로운 발전모델을 찾기 위해 노력해야 합니다. 특히 국가간 경계와 편견을 허물 수 있는 지식과 지혜를 지속적으로 창출해야 하는 기관입니다. 스탠포드 대학의 명성은 미국의 국가이익에 기여해서라기보다는 인류 문명의 발전과 진화를 위한 선도적 역할을 수행해 왔기 때문이라고 믿습니다.

저는 이러한 대학의 노력에 대해 긍정적 입장을 갖고 있습니다. 왜냐하면 정치인들이 정치적 이익을, 경제인들이 경제적 이익을, 정부 관리들이 개별 정부의 정부적 목표를 추구하는 현실적 제약에 묶여 있지만 지식인과 대학인들은 이들 개별적 이익을 뛰어넘어 동아시아의 공통이익 더 나아가 인류의 보편적 미래가치를 추구하는 자율적 책임을 인식하고 있기 때문입니다.

탐색적 수준의 저의 강연을 오랜 시간 경청해 주셔서 대단히 감사합니다.

공직자와 고교생을 향한 선배의 당부

공직자의 자세

– 끊임없는 자부심, 끊임없는 자기 성찰과 자기 혁신 –

저를 이른 아침 소중한 시간에 초대해 주셔서 감사하며 영예로 생각합니다. 여러분과 몇 가지 공통점이 있기에 오늘의 강의는 의미가 깊습니다.

첫째, 저는 관악 거주자의 한 사람으로서 이 자리에 왔습니다. 교수생활을 시작한 1983년부터 낙성대 후문에 있는 교수아파트에 거주했고 제가 공직에서 물러나고 거주할 곳도 바로 관악도서관 앞에 있는 아파트입니다.

둘째, 저는 여러분과 같은 공직자이기도 합니다. 저의 전공(재

이 글은 2012년 9월 27일 관악구청의 아침 조례에서 구청 공무원을 대상으로 한 강연 내용이다.

정정책) 역시 여러분이 하고 있는 매일매일의 공직 업무와 유관합니다. 재정은 어떠한 업무에 종사하든지 공직수행에 있어 하나의 차원입니다. 복지를 하건, 도시계획을 하건, 인사업무를 하건, 그 이면에는 재정적인 차원이 있는 것입니다. 일이 있으면 예산이 있어야 하고 예산이 있으면 일을 해야 하기 때문입니다.

셋째, 여러분과 저는 '서울대를 자랑스럽게 생각하고 서울대를 사랑한다.'는 점입니다.

지방자치의 출범과 지방재정제도 설계에의 참여

오늘 특히 감회가 깊은 것은 학자로서 우리나라 지방자치제도를 도입하는 과정에서 음으로 양으로 참여를 했기 때문입니다. 제1기 민선자치 출범 직전 1990년대 초 우리나라 자치제도를 어떻게 설계할 것인지 그중에서도 지방재정제도를 어떻게 설정할 것인지를 집중적으로 연구했습니다.

지방세제도, 교부금제도, 국고보조금제도, 지방양여금제도 그리고 서울시와 구청과 관련해서는 징수교부금제도 등 1기 민선자치를 출범하는 과정에서 재정제도의 근간을 어떻게 설정할 것이냐를 연구한 교수 중 한 사람이었습니다. 그 뒤로도 2기, 3기 때까지 민선자치가 성공적인 궤도를 그리도록 음지에서 일을 했습니다.

그 당시 지방자치를 가능하게 한 동력원의 가장 큰 캐치프레이즈는 바로 '세계화'였고, 이를 이루기 위해 '지방화'가 필수적이라는 것이었습니다. '세계화'를 이룬다는 것은 '우리의 생활수준, 자치수준, 그리고 소프트웨어 리더십이 세계 중심국가 수준으로 가야 한다.'라는 것이었습니다.

'세계화'를 이루기 위한 가장 중요한 정책의 선택은 무엇인가? 그것은 바로 '지방화'라는 것이 그 당시의 정책 방향이었습니다. '세계화'와 '지방화'가 상반되어 있는 것처럼 보이지만 그러나 그것은 같은 맥락입니다. 철저한 '지방화'는 바로 '세계화'로 향하는 첩경이기 때문입니다.

관악구가 주민들로부터 사랑받고 살기 좋은 관악구가 된다면, 그 자체가 관악구의 '세계화'고 서울특별시의 '세계화'이며, 대한민국의 '세계화'입니다. 그만큼 지방자치의 출발은 중요한 의미를 지니고 있었다고 생각합니다.

진정한 자부심 : 정성스러운 자세와 적극적 태도

제가 오늘 여러분께 말씀드릴 주제는 진정한 자부심, 끊임없는 자기 성찰, 그리고 부단한 자기 혁신으로 삼고 싶습니다.

여러분께 드리는 첫번째 메시지는 '사소한 일도 정성스러운 노력을 다하는 것이 기본적인 책무다.'라는 점입니다. '사소한 일에 정성을 쏟지 못하는 사람은 결코 소중한 일이 부여되어도 그것을 감당할 수 있는 역량이 축적되어 있지 않다.'고 말씀드리고 싶습니다. 우리들이 일을 할 때 '이 일은 중요한 일이다. 이 일은 그렇게 중요하지 않다.'라고 구분하는 것 자체가 자의적인 해석이라고 할 수 있습니다.

사례 1 : 복사 업무

제가 가장 간단한 예를 들어 보죠! 지금은 복사 업무가 그렇게 관심을 받지 않습니다. 제가 공무원으로 공직생활을 시작했던 1970년대에는 복사를 하는 것이 일상적 업무 중의 하나였습니다. 보통 일반 직원한테 "이것 좀 복사해 달라."고 하면 직원들이 어떤 반응을 보였을까요? 즐거워하겠습니까? 속으로 짜증나겠습니까?

중요한 일을 해야 하는데 "아침부터 뭐 복사 일을 시켜!" 마음속으로 그렇게 생각할 가능성이 높습니다. 그런 마음을 갖고 복사해 오는 사람의 경우 복사한 서류가 둘둘 말리고 나중에 과장이나 국장이 읽어 보려고 하면 한 페이지가 빠지고 아니면 반 페이지나 지워지고…….

한편 어떤 사람은 이렇게 생각할 수 있습니다. "아! 내가 무료했었는데 나한테 우리 과장이 일을 시키는구나. 고마운 일이다. 나한테 일거리가 하나 생겼구나." 페이지가 빠졌는지 안 빠졌는지 확인하고 호치키스로 깔끔하게 찍어 갖다 드리려고 봤더니 시킨 분이 자리에 없어요. 그럼 시간이 남는데 읽어 보고 한 페이지로 요약해 보는 것입니다.

과장님이 왔을 때 둘둘 말아 놓고 간 사람과 시키지도 않았는데 요약까지 한 사람하고, 누구를 더 선호하겠습니까? 누가 승자입니까? 바로 그것이 긍정적인 사고, 적극적인 사고입니다. 나한테 사소한 것처럼 보이는 미션이라도 어떻게 하든 정성스럽게 해야 합니다. 조그만 차이 같지만 결과에는 많은 차이가 납니다.

사례 2 : 민원인에 대한 친절한 대응

여러분이 민원인을 만났다고 가정해 봅시다. 민원인 만나는 것 좋아하는 사람은 그렇게 많지 않을 것입니다. “안되는 민원입니다.”라고 답하는 것이 일상적인 수준일 수 있습니다. 그러나 민원인을 만나는 것이 나의 책무이고, 민원인이 있기 때문에 나의 직무가 존재한다는 생각을 하면 진심어린 자세로 민원인 얘기를 듣고 메모도 하는 그런 태도가 소중합니다. 민원인은 공무원이 정말 자기를 진정한 파트너로, 같은 눈높이로 생각하고 행동하는지 바로 느끼고 판단합니다.

바로 여러분들이 공직자로서 ‘매사에 정성스러운 노력을 기울이는 것이 바로 나의 존재를 확인하는 과정이고 자부심의 원천이다.’라고 생각해야 합니다.

사례 3 : 성의 있는 서류 전달

또 하나의 사례를 들겠습니다. 제 전공이 재정학이다 보니 과거의 경제기획원, 재정경제원, 기획예산처 등 기획예산 파트와 회의를 많이 했습니다.

제가 어떤 위원회의 장을 맡았을 때였습니다. 중요한 회의를 앞두곤 사전에 저에게 안건이 올라오는 경우가 많았습니다. 한번은 제가 연구실에 있었는데 갑자기 문 밑에서 중국집 안내 광고전단을 넣는 식으로 종이 한 장이 슬금슬금 밀려 들어왔습니다. 그러다가 딱 멈춥니다. 뭔가 봤더니 제가 다음 달 진행할 회의 안건이었습니다. 깜짝 놀랐죠. 그 사람을 부르려고 했는데 벌써 가버렸어요. 담당 공무원이었겠죠. 아마도 그 사무관은 자기가 중요한 일을 해야 하는데 위원장이라는 사람한테 안건을 전달하는 것이 짜증스러웠나 봅니다. 저하고 인사하는 것도 싫고 시간 보내는 것도 귀찮으니 문 밑에 놓고 배달주의원칙에 의거, 밀어 넣고 간 것이죠.

다음 날 회의에 가서 "회의서류를 제 방문 밑에 놓고 간 분이 누구시냐?"고 전날의 사실을 지적했습니다. "앞으로 서류를 전달할 때는 꼭 당사자를 만나고 인사를 하고 가라, 그것이 예법이다." 라고 주의를 주었습니다.

새로 부임해 온 사무관은 아주 적극적인 사람이었습니다. 한번은 직접 박카스를 들고 와서 이렇게 말했습니다.

"이 서류를 들고 교수님을 뵈러 오는데 어찌나 즐거웠는지 모릅니다. 교수님 재정학 책을 보면서 공부했는데 오늘 교수님을 뵙는다고 생각하니 너무 떨렸거든요."

그 얘길 듣고서 기분 나쁜 사람이 어디 있겠습니까. 우리는 한참 대화를 나누었고, 저는 그 사무관에게 격려를 아끼지 않았습니다.

"사무실에 가서 공부 많이 하세요. 내일 회의 때 이러한 쟁점이 나올 텐데, 쟁점에 대해서는 국장이 용의주도하게 준비하도록 말씀드리고요. 몇 가지 제시해 준 질문에 대해 답도 준비해서 드리세요. 그러면 회의가 의미 있게 끝날 것입니다."

사실 중요한 회의라고 하지만, 대부분 그렇게 세심하게 준비해서 대응하는 경우는 흔하지 않다는 점도 지적해 주었습니다.

다음날 위원회의 회의가 개최되었는데, 주무국장이 조목조목

안건에 대해서 짚어가면서 전보다 더 회의를 알차게 진행시켰습니다. 그 사무관이 사전에 메신저 역할을 잘했던 것입니다.

한번은 그 사무관이 저한테 전화를 걸어서 오늘밤 늦게라도 만나고 싶다고 했습니다. 낮 시간도 아니고 밤늦게 만나자고 하니 긴급한 일이라는 것을 알았습니다. 저녁 식사 후 11시에 보기로 약속했습니다. 집 앞으로 찾아온 그 사무관은 이렇게 말했습니다.

"공무원 외국 유학을 가야 하는데 위원장님의 추천이 필요합니다. 그런데 내일 아침까지 추천서를 받아야 한다고 해서 이렇게 갑작스레 달려왔습니다. 죄송합니다."

나는 그 자리에서 흔쾌히 아침까지 추천서를 써주기로 약속했습니다. 저는 늦게까지 추천서를 작성해서 다음날 아침 소속 부서장에게 직접 전달해 주었습니다. 그 부서장이 놀라더군요. 제가 자초지종을 이야기했죠. 이 사무관을 알게 된 배경, 지금까지 친분을 맺은 이야기 등까지도 설명해 주었습니다. 그 사무관은 그 뒤로 유학을 떠났습니다.

사소한 일 같지만 서류 한 장을 어떻게 다루는지만 봐도, 그 사람을 알 수 있습니다. '내가 주인이다! 내가 관악구청장이다! 내가 이 일을 수행하는 진정한 관악구의 대리인이다! 구청장의 대리인이다!'라는 마음가짐으로 일하는 것이 중요합니다.

여러분들에게 주어진 과업에 대해서 경중을 가리지 말고 헌신적인 노력을 기울이기를 바랍니다. 그것이 여러분들을 가치 있게 존재하게 하는 가장 뿌리 깊은 자부심입니다.

사례 4 : 밤늦은 시간대의 문상

며칠 전 밤늦은 시각, 후배 교수한테 어머님이 돌아가셨다는 전화를 받았습니다. 자려고 누워 있었지만, 바로 옷을 갈아입고 병원으로 갔습니다.

그때 저는 "어머님을 여의었을 때 나에게 전화를 걸었다면, 나에 대한 애정과 기대가 그만큼 컸기 때문이다, 거기에 부응하는 것이 중요하다."라고 생각했지요.

저는 오히려 큰 슬픔을 저와 함께 나누고자 했던 그 후배에게 고마움을 느꼈고, 곧장 조의를 표하러 문상을 갔습니다. 상대방을 위로하는 데 드는 비용을 10이라고 한다면, 상대방이 느끼는 신뢰의 가치는 50 이상이 될 수 있습니다. 그렇게 보면 40을 더 얻는 게 아닙니까? 작은 발상의 전환이 모두에게 큰 가치를 안겨 준다는 것, 꼭 기억했으면 좋겠습니다.

자부심과 긍정의 힘

내 직무가 왜 존재하는지, 한번 생각해 봅시다. 아마도 관악구민들이 있기 때문에 여러분들의 직무가 존재하지 않을까요? 저는 서울대학교 학생들이 있기 때문에 존재합니다. 직위를 막론하고 "내가 관악구청의 공복이다!"라는 근원적 인식을 갖는 것이 자부심의 원천일 것입니다.

여러분은 공직자입니다. 공직자는 개별적인 이익이 아닌 공동체의 가치를 실현하는 소명을 가집니다. 그것은 가치 있는 일입니다. 관악구민의 공통적인 이익을 위해서 나의 직무가 존재하는 겁니다. 이에 대해서 여러분 스스로 자부심을 가질 때 우리 사회가 발전합니다.

저는 기본적으로 세상을 긍정적으로 봅니다. 아무리 어려운 일이 있어도 곧 밝은 내일이 있을 것이란 생각을 합니다. 저는 교수이기 이전에 자연인입니다. 아침에 일어나면 "아~! 내가 일어났구나!" 기뻐하고, 해가 솟는 걸 보면 "오늘도 해가 동쪽에서 솟고 있구나! 내가 생명체로서 살아 숨 쉬고 있구나!" 감사하고, 출근할 때면 "내가 할 일이 있구나! 내가 만날 사람이 있구나!" 즐거워합니다. 저는 이렇게 날마다 긍정적으로 생각합니다.

범죄와 봉급에 대한 발상의 전환

여러분들은 대기업이나 금융기관에 취직한 사람보다 보수 수준이 낮습니다. 그러나 공직자들은 사회의 공통이익을 위해서 매진한다는 것에 대해 스스로 자부심을 가질 필요가 있습니다.

저는 여러분과 같은 공직자들에겐 '범죄'와 '봉급'의 개념도 달라져야 한다고 생각합니다. 보통 범죄라는 개념은 '해서는 안되는 일을 하는 것'입니다. 그러나 공직자들에게 범죄는, '내가 당연히 해야 할 일을 하지 않은 것'이라고 달리 인식할 필요가 있습니다. 여러분들은 이미 소극적 의미의 범죄에선 벗어나 있습니다. 더 중요한 것은 '내가 더 많은 가치를 창조할 수 있는데 왜 실행하지 못하고 있을까'를 고민하는 것입니다.

저는 또 특이한 '봉급'의 개념을 갖고 있습니다. 제가 학교에서 받는 봉급은 평교수들과 큰 차이가 없습니다. 저는 봉급의 개념을

은행계좌에 찍히는 숫자가 아니라, '내가 이 자리에서 창조해 내는 가치'라고 생각합니다.

직무의 주인은 바로 나 자신 : 자기 성찰과 헌신

여러분이 공직생활을 할 때 항상 민원인의 입장에서, 관악구의 입장에서 보편적인 공동체 중심으로 업무에 임한다면 여러분은 진정한 공복이라고 생각합니다.

인간은 끊임없는 자기 성찰을 해야 합니다. 내가 일을 수행할 때도 "과연 내가 최선의 방법으로 임하고 있는가."라고 수시로 돌아봐야 합니다. 자기 확신이 서지 않는다면 자기 확신이 설 때까지 부단히 노력해야 합니다.

또한 내 역할에 대해 과연 주변으로부터 신뢰를 얻고 있는지도 살펴봐야 합니다. 첫째가 자기 확신, 둘째는 동료와 조직으로부터의 확신입니다. 이 두 가지의 확신을 갖기 위해 부단히 자기 성찰을 해야 합니다.

관악구청에 새로운 구청장이 부임하고 새로운 지침이 내려온다고 해서 근원적 변화가 이루어지는 것은 아닙니다. 관악구청의 공복인 구성원 한 사람 한 사람이 자기 성찰과 자기 혁신에 매진하면서 한마음으로 힘을 모을 때 그 조직은 새롭게 태어나는 것입니다.

서울대학교 개혁도 마찬가지입니다. 교수님들과 직원들이 강의·연구·행정 현장에서 최선의 노력을 다하면서 새로운 가치 창조에 매진할 때 학교 전체가 변화할 수 있습니다. 관악구청의 변화와 서울대학교의 변화는 같은 맥락입니다.

흔히 큰 조직에는 이렇게들 얘기합니다. 구성원의 1/3은 꼭 필요한 사람, 1/3은 있어도 되고 없어도 되는 사람이라고 말입니다. 나 자신이 어디에 해당되는지 곰곰이 생각해 볼 필요가 있습니다. 곰곰이 생각하다 보면 아마 식은땀이 날지도 모르겠습니다.

진정한 소통과 공감대의 형성

여러분들이 정책을 입안하고 집행하는 데 있어서 가장 중요한 요소를 하나 꼽는다면 소통 능력이라고 답하겠습니다.

여러분이 기안을 할 때, 기안을 한 후 여러분 스스로가 읽어 보세요. 한 다섯 번씩 읽어 보세요. 정말 내가 하려는 말이 기안에 잘 반영되었는지 여부를 확인해 보세요. 자기가 작성했어도 빠진 내용이 많다는 것을 알아차릴 때가 많습니다.

자기가 작성한 기안에 전달하고 싶은 메시지가 잘 들어 있는지 다시 한 번 확인해 보세요. 그 안에 진정한 핵심 메시지가 무엇인지 찾아야 합니다. 핵심 메시지를 도출하는 능력이 정책입안에 있어 가장 중요한 요소입니다.

핵심 메시지가 도출되는 과정에서 의사결정자의 동의와 공감을 얻어야 합니다. 어떤 대안을 새롭게 제안할지도 준비해야 합니다. 무엇보다 주민들의 반발 가능성과 재정적인 한계점을 명확히 하는 것이 중요합니다.

여러분은 구청에서뿐 아니라 서울시 회의에 참석할 때도 관악구청을 대표합니다. 자신이 주장할 내용을 압축해서 설명하고 그것을 겸손하게 제시해서 공감을 얻으려는 태도가 중요합니다. 핵심 메시지를 잘 표현해 내야 합니다.

중요한 사안일 경우 공식회의 이전에 만나서, 사전에 상황을 설명하고 이해를 구하는 용기도 필요합니다. 처음에는 어렵지만 숙달이 되면 이러한 수고를 통해 개선되는 사항들이 반갑습니다. 나 자신의 역량도 더 발전됩니다.

또 하나 말씀드리고 싶은 것은 서울대학교가 관악구에 있고, 관악구가 서울대학교라는 소중한 지적·정신적 자산을 안고 있다는 것입니다. 이 지구상에 가장 폭넓은 전공 영역을 갖고 있는 대학 중의 하나가 바로 서울대학교입니다.

제가 강조하고 싶은 것은 여러분들이 서울대학교라는 싱크 탱크를 활용할 수 있는 방안을 각자의 영역에서 찾아보라는 것입니다. 구청장이나 기획과장이 시켜서가 아니라 여러분 스스로가 찾으시면 됩니다.

서울대학교는 22개의 교육단위를 운영하고 있고, 소속 교수들은 보통 20~30년간의 연구 경험을 쌓은 최고의 전문가들입니다. 그분들한테 도움을 청하십시오. 우리의 업무가 이러이러한데, 이 부분을 어떻게 개선하고 발전시킬 수 있을 것인지, 많이 묻고 자문을 구해도 좋을 것입니다.

여기에 더하여 관악구청이 도서관을 중시하고 있는 사실 자체만으로도 관학협력체계를 위한 최적의 조건을 가지도 있다고 할 수 있습니다.

기초자치단체로서 싱크 탱크를 활용한 정책개발 시스템을 여러 광역자치단체와 기초자치단체에 보급할 수도 있습니다. 그만큼 여러분들은 가까운 거리에 싱크 탱크와 브레인 리소스(brain resources)를 가지고 있다는 점을 잊지 마십시오. 교수님들과 소통하십시오. 또 한 사람의 정책적 동지와 인간적 친구를 얻을 수 있을 것입니다.

여러분의 미래는 여러분 스스로

“나는 빽이 없어서 올라가지 못했다, 나는 학벌이 부족해서 대우를 못 받는다.”는 말을 하지 마십시오. 여러분들의 가장 소중한 빽은 여러분 자신임을 강조하고 싶습니다. 여러분 자신이 직무에 헌신하고, 조그만 일에도 정성을 다하고, 노력을 쌓는 것이 여러분 스스로에게 가장 큰 자산입니다. 그것을 일찍 깨닫는 사람은 미래가 밝습니다.

직무를 수행할 때, 결코 남의 탓으로 돌리지 마십시오. “아, 이것은 내가 정성스런 노력이 부족했다.”라고 스스로의 탓으로 돌리려는 용기를 가지십시오. 일이 안되는 것을 남의 탓으로 돌리는 거나 예산 탓이나, 기획부서 탓으로 돌리지 마십시오. 내가 정성스런 노력을 한 번, 두 번, 세 번 더 기울인다면 빗장이 열릴 것이라는 믿음을 가지십시오. “내 탓이다! 내 책임이다! 내가 이 직무에 대한 오너다!”라는 생각을 끊임없이 가져야 합니다.

우리는 이러한 과업들을 단순히 생각하고 끝내선 안됩니다. 곧바로 실천해야 합니다. 눈에 보이게 해야 합니다. 이것이 오늘 아침 조례의 핵심 메시지입니다.

끊임없는 자부심, 끊임없는 자기 성찰과 자기 혁신! 그것은 자기 존재의 확인입니다. 단순한 실용주의적 차원의 구호가 아니라 우리의 영혼을 꿈틀거리게 하는 동력원이 되어야 합니다.

고교생들에게 보내는 희망 편지

저는 7남매 중의 막내입니다. 어린 시절엔 왜 그렇게 서울에 가고 싶었는지. 그래서 저는 초등학교 3학년 시절, 서울에서 의과대학에 다니면서 가정교사를 하고 있던 형님께 부탁해서 서울 구경을 할 기회를 얻게 되었습니다.

서울에서 보낸 몇 주일 동안 좋은 경험을 했고 이것들을 그림일기에 가득 채워서 다시 시골로 내려왔습니다. 그런데 고향에 돌아온 뒤로는 잠이 안 왔습니다. 빨리 다시 서울에 올라가서 공부하고 싶고, 또 서울에 가서 새로운 문물도 보고 싶고 그랬습니다.

그래서 서울에서 가정교사를 하던 형님께 편지를 보내면서 편지에 그림일기를 썼습니다. 전차도 그리고 제가 서울 구경하면서 본 것들을 죄다 그림으로 그려서 보냈습니다. 거기에 "형님! 저도 서울에 가서 국민학교에 다니고 싶습니다!"라고 정말 아무런 대책 없이 편지를 썼습니다. 결국 형님의 제안을 받은 어머님께서 저보고 서울로 올라가라고 허락을 하셨고, 저는 초등학교 4학년 첫 학기 때 서울로 올라올 수 있었습니다.

저는 소년 시절에 꾸던 꿈을 아직도 간직하고 있습니다. 지금도 어려운 일이 닥칠 때면 어릴 적 서울로 올라올 때의 그 길을 떠올립니다. 어머님이 버스 터미널까지 바래다주던 길, 거기서 버스

관악구소재 고등학교 학생들에게 행한 특강

를 타고 조치원에 이르고, 완행열차를 타고 5시간이나 달려서 서울역에 도착하던 길, 전차로 갈아타고 내려서 다시 걷던 길을 말입니다. 비록 어린나이였지만 '꼭 도착을 해야겠다', '그때까지 정신 차려야 한다', '나는 지금 희망에 부풀어 있다.' 이런 생각들을 하며 힘을 냈지요. 저는 어려운 일이 닥칠 때마다 그때 서울로 올라왔던 경험을 떠올리곤 합니다.

왜, 인간이 위대한가?

지금 이 대목에서 여러분께 이런 질문을 드리고 싶어요. "왜 인간이 위대한가?"라고 말입니다. 그 답은 "인간은 꿈과 희망을 갖고, 그 꿈과 희망을 향해서 끊임없이 노력하기에 특별한 존재다."라고 말하고 싶습니다.

여러분, 꿈을 갖고 있습니까? 희망을 갖고 있습니까? 그리고 꿈과 희망을 실현하기 위해서 끊임없이 노력하고 있습니까? 여러분이 하루에 한 번씩 "나의 꿈과 희망을 향해서 열심히 노력하고 있나?"라고 묻는 습관만 가져도 여러분의 미래는 밝습니다. 아주 단순하지만 저는 이런 습관을 갖고 있습니다. 아침에 일어나 해가 솟아오르는 것을 봅니다. 그리고 "아~ 나는 행복하다. 숨 쉬고 살아있고 생명이 움직이고 있다."라고 생각합니다. 이는 참으로 경이로운 일이 아닐 수 없습니다. 여러분이 건강해서 부모의 자식으로서 아침에 건강하게 일어나고, 학교에 와서 공부하고 자기 스스로를 연마할 기회와 조건을 가졌다는 것만으로도 행복한 것입니다.

여러분, 꼭 무슨 게임을 해서 점수를 많이 따거나, 코미디 쇼를 보면서 웃고 즐기는 것만이 즐거운 것이 아닙니다. 여러분 스스로가 '나는 존재하고 있다. 나는 살아 있다. 내가 아침부터 나의 목표를 이루기 위해 해야 할 과업이 존재한다.'고 생각하는 것만으로도 기쁨과 행복의 원천일 수 있습니다. 그걸 감사히 여겨야 합니다.

"나는 최선을 다하고 있는가?"에 대한 자문자답이 필요하다

여러분은 남의 탓을 하면 안됩니다. 부모님 탓을 해선 안됩니다. 친구 탓을 해서도, 학교 탓을 해서도 안됩니다. 여러분 스스로 나의 조건과 환경을 탓하기 이전에 "내가 현재 주어진 환경 속에서 얼마나 최선을 다하고 있는가?"라는 질문을 하고 스스로 응답하는 것이야말로 여러분이 할 수 있는 지혜로운 노력이라 할 수 있습니다. 이 세상에서 비겁하고 미래가 없는 사람은 바로 남의 탓을 하는 사람입니다. 우리는 누구를 탓해야 합니까? 바로 자기 자신을 탓할 수 있는 용기를 가져야 합니다. "내게 주어진 조건 하에서 왜 내가 최선의 노력을 기울이지 못하는가?"라고 생각하는 것이 필요합니다.

여러분은 이제 곧 성인이 됩니다. 그런 여러분께 당부하고 싶은 것은 바로 꿈과 희망을 가지면서 항상 기뻐하고 감사하며 자부심을 가져야 한다는 것입니다. 바로 적극적 사고와 긍정적 사고를 가져야 한다는 것입니다. 나한테 이런 조건이 주어졌다면 "내가 과연 이러한 조건 속에서 항상 최대한으로 헌신하고 있는가? 최대한으로 노력하고 있는가?" 한번 잘 생각해 보세요. 여러분이 당면하고 있는 문제점은 여러분 스스로에게 있다고 생각해야 합니다.

여러분 스스로가 인생의 주인입니다

여러분, 누가 여러분 인생의 주인입니까? 여러분 스스로가 주인입니다. 내가 나 자신의 주인이 되어야 한다는 말을 깨닫는 사람에게는 분명 희망이 있습니다. 너무나도 단순한 말 같죠. 하지만 내가 나의 주인일진대 과연 내가 주인답게 생각하고 행동하는지 한번 생각해 보세요. 내가 종, 노예와 같은 상황에서 나를 끌고 가는 게 아닌지 말입니다. 여러분의 선생님이나 부모님이 시켜서 억지로 공부하는 사람과 선생님이 시키기 전에 스스로 하는 사람 중 어느 쪽이 주인의식이 있는 사람입니까?

모든 일은 자기 스스로 할 때 더 즐겁습니다. 여러분이 참된 주인의식을 갖는 것이 여러분 스스로를 가장 사랑하는 방법입니다. 많은 경우 부모님에게 잘 보이기 위해서, 선생님에게 야단맞지 않기 위해서 내키지 않는 행동을 하기도 합니다. 그렇지만 나 자신의 미래를 위해서 내가 갖고 있는 호기심을 충족시키고, 나의 보다 더 나은 미래를 위해서 내가 스스로 긍정적·적극적으로 노력하는 자세가 여러분에게 큰 동력원이 된다고 생각합니다.

이런 말이 있죠. 나는 빽이 없어서 취직하기가 어려운데, 내 친구는 부모님이 어떻고 삼촌이 어떻고 하곤 하죠. 세상에서 가장 큰 백그라운드가 뭔지 아십니까? 바로 스스로입니다. 자기 스스로가 자기 스스로를 돕는 것이 최고의 백그라운드입니다. 무한하고 영원한 백그라운드입니다. 그렇다면 여러분은 모두 다 자기 자신이라는 최고의 백그라운드를 가지고 있습니다.

여러분은 스스로 떨어지는 물방울이고 물줄기입니다

여러분. 시골에 가면 논에 물이 있어야 모내기가 가능하지 않습니까? 모내기를 할 때 물이 잘 흐르지 않으면 농부가 논두렁에 물길을 내서 모내기를 할 수 있도록 물을 채웁니다. 그리고 모내기를 하고 며칠 지나면 물이 줄어듭니다. 비가 오면 채워지고, 부족하면 논두렁에서 물을 보충합니다. 그러다가 그 물은 곧 멈추고 맙니다. 그 물은 한자로 살수(殺水) 즉, 죽은 물이라고 합니다. 이걸 모내기에 이용합니다. 이건 농부가 인위적으로 도랑을 낸 겁니다.

이와 반대로 산골짜기 틈에서 홀로 바위 틈에서 떨어진 물은 스스로 떨어진 물입니다. 스스로 떨어진 물은 바로 골짜기에서 계곡을 거쳐 산천경관을 이루면서 개천과 강, 바다로 향합니다. 여러분은 바로 산골짜기 바위 틈새에서 스스로 떨어지는 물방울이고 물줄기입니다. 곧 스스로가 떨어지는 것이라는 강한 자율성과 독립심을 가져야 합니다.

상대방을 배려하고 항상 감사하는 마음을 가집시다

제가 서울대학교를 대표하는 분망한 역할을 수행하고 있을 때에도 아주 지엽적인 부탁을 하는 사람들이 있습니다. 어떤 친구는 저한테 "전화해서 미안한데 딸이 유학 가는데 서울대학교 성적증명서를 떼 줄 수 없냐."고 합니다.

하지만 저는 오랜만에 나한테 전화를 걸어준 것으로 고마운 마음을 먹습니다. 아마 바빠서 그랬을 것이라고 말입니다. 그리곤 내가 오늘 중으로 보내 주겠으니 주소를 달라고 합니다. 빨리 떼서

택배로 보냈습니다.

제가 그 순간에 "왜 내가 바쁜 거 너는 모르느냐! 나한테 어찌 이런 전화를 걸 수 있느냐!"라고 얘기하면 그 사람이 상처를 받을 수가 있습니다. 그 사람이 상처 받지 않도록 해주고, 그 사람이 즐거운 마음을 갖게 하고, 나 역시 즐거운 마음을 가지면 우리 모두가 승자가 되는 것입니다.

부모님께서 여러분들에게 싫은 얘기를 했을 때, 여러분은 아마 반발하고 싶을 것입니다. 그럴 때 "제가 더 미리 생각했으면 좋았을 텐데요. 오늘부터 그런 방향으로 노력할게요."라고 대답해 보세요. 그러면 어머니도 즐겁고 본인도 즐겁고 그것을 옆에서 보는 아버지도 즐거울 것입니다. 그러면 가족 모두가 승자가 되는 겁니다. 여러분에게는 그러한 승자가 될 수 있는 기회가 많습니다. 왜 그 기회를 포기합니까? 그 기회를 활용하십시오.

남이 도움을 청했을 때 그것을 도와줄 능력이 있든, 없든 간에 상대방이 나에게 도움을 청하는 바에 대해서 진지하게 경청하고, 또 내가 할 수 있는 범위 내에서 최대한 노력을 해보면 어떨까요? 오히려 "저 친구가 나를 신뢰하기 때문에 나에게 도움을 청하는구나. 나를 신뢰해 준 것이 너무 고맙다."라고 생각하면 됩니다. 내가 할 수 있는 범위 내에서 최선의 노력을 기울이는 것, 그것이 바로 신뢰의 축적입니다. 상대방을 돕는 과정에서 내가 새로운 것을 경험하고 배우는 것은 나에 대한 선물입니다.

참되고 가치 있는 인재가 되는 길은?

사실 대한민국이 가지고 있는 가장 큰 자산은 사람입니다. 인재입니다. 여러분들의 선배가 있었기 때문에 바로 여러분들이 있다고 할 수 있습니다.

우리 대한민국의 미래는 앞으로 10년 이후 여러분들이 얼마나 참되고 가치 있는 인재가 되느냐에 달려 있습니다. 저는 그래서 여러분들이 "나는 마음을 열고 있다. 나는 소중한 것을 배우고 있다. 나는 이러한 꿈을 갖고 있다."라고 생각할 것을 권합니다. 꿈을 실현하기 위해서 항상 끊임없는 노력을 기울이고, 그것이 여러분들의 자부심의 원천이라 생각하십시오. 그 자부심에 맞는 노력을 기울이고 실천하는 것은 여러분의 몫입니다.

저는 게으른 왕자나 게으른 공주보다도 부지런한 농부의 아들과 딸이 더 가치 있다는 생각을 합니다. 게으르고 편협한 지도자보다 마음을 넓게 갖고 헌신하는 부하가 더 위대한 것입니다. 여러분의 성공 역시 월급을 얼마 받고 어느 직장에 가고, 직위가 어디까지 올라가는가가 성공이 아니라, 성공은 바로 여러분들이 주어진 여건 속에서 얼마나 최선의 노력을 다해서 여러분 스스로의 성과를 만들어 내는 것이라고 믿습니다.

자기 성찰이 발전의 원동력입니다

여러분, 성공은 항상 매일 여러분 자신이 확인할 수 있습니다. 매일 나에게 주어진 책무에 내가 최선을 다하고 있는지 스스로에게 물어보십시오. 그것이 바로 우리가 흔히 말하는 '자기 성찰'입니다. 인간은 끊임없는 자기 성찰과 이를 토대로 자기 혁신과 자기 변화에 대한 노력을 지속적으로 기울일 때 발전하고 진전할 수 있는 것입니다.

아침에 일어나 감사의 마음과 희망을 갖고, 그리고 낮 동안 희망을 실천하기 위해서 노력하고, 그리고 자기 전 내가 오늘 주어진 여건에서 내게 주어진 과업을 성의 있게 최선의 노력을 기울여 했는지 돌아보십시오. 만약 그렇지 못하다면 내가 무엇을 보충해야 하나. 나 스스로를 다시 한 번 돌아보는 겁니다. 이것은 학생들뿐만 아니라 선생님들, 그리고 저 스스로를 포함한 모든 인간이 갖춰야 하는 소중한 조건입니다.

학습을 이렇게 해보면 어떨까요

여러분의 학습과 관련해 세 가지만 말씀드리겠습니다. 저는 초등학교 1학년 때부터 어른 신문을 읽었습니다. 여기 학생들 중에서 하루에 신문을 한 면 이상 읽는 학생 손들어 볼래요?

요즘은 워낙 인터넷 매체가 발달해서 신문 얘기를 하면 지루할 수도 있겠지만, 어린 시절 저는 아침에 일어나서 신문을 읽는 것이 즐거운 일 중의 하나였습니다. 신문을 펼쳐 보면 세상의 온갖 정보가 다 들어가 있습니다. 그중에서 제게 필요한 것을 더 집중해서 읽었습니다. 저는 소년 시절부터 호기심이 많은 소년이었습니다. 그래서 담임선생님께서 저에게 질문하실 때면 제가 신문에서 읽었던 지식을 가지고 신나게 대답하곤 했습니다.

고등학교 2, 3학년 정도 학생이라면 어떤 사회적 이슈에 대해서, 예를 들면 '왜 지방자치는 실시되어야 하나?', '왜 우리가 EU와 FTA를 체결해야 하는가.'처럼 많은 사람들이 관심을 갖는 내용에 대해서 어느 정도 기본적인 흐름을 파악하는 것이 필요하다고 생각합니다.

또한 저는 학생과 교수 생활을 거치면서 살펴본 바, 커뮤니케이션 능력 즉, 소통 능력이 아주 중요한 역량의 하나라는 것을 깨달았습니다. 소통 능력이란 여러분들이 국어교과서 한 과를 읽는다고 했을 때, 그걸 읽고 집약하고 압축하는 능력, 다시 말해서 핵심 메시지를 찾아내는 능력이라고 할 수 있습니다. 이는 여러분들의 고등학교 때의 성과뿐만 아니라 대학입시, 그리고 앞으로 사회생활에서도 여러분의 역량을 단적으로 표현해 주는 것이 될 것이라고 봅니다.

집약을 할 수 있다는 것은 그 내용의 핵심을 파악해서 핵심을 부각시킬 줄 아는 것입니다. 그것은 고등학교 시절에 연마되는 중요한 역량입니다. 어떤 수업 시간 동안 나올 수 있는 중요한 명제와 가치, 메시지는 몇 개에 불과할 것입니다. 그 몇 가지를 추려 내서 자기 것으로 만들어야 합니다. 그리고 더 나아가 다른 사람에게 설명할 줄 알아야 합니다.

원래 어떤 내용을 들으면 그 당시에는 아는 것으로 느끼죠. 그러나 책을 덮으면 잊어버려요. 진정한 공부는 읽고 듣고 그저 이해하는 것이 아니라, 그 내용을 남에게 설명할 수 있을 때 완성되는 것입니다.

따라서 공부할 때 핵심적인 학습 메시지를 도출해서 자기 것으로 만들고 전달할 수 있어야 합니다. 그러한 방법이 습관이 되면 그때부터 공부가 재미있습니다. 그러기 위해서 여러분은 수업에 들어가기 전, 다음 배울 것에 대해서 준비를 하고 수업내용을 예상해 볼 수도 있어야 합니다. 어떤 콘텐츠가 있을지 미리 생각하고 수업을 듣는 사람과 아무런 준비 없이 수업에 들어가는 사람 사이에는 큰 차이가 있습니다. 예습은 복습보다 5배 이상의 효과가 있습니다. 예습을 해야만 수업의 핵심 메시지가 자신의 것이 되는 것입니다.

제가 학자로서 또 교수로서 이 자리에 설 수 있게 된 가장 핵심적인 원동력이 바로 예습입니다. 미리 읽어 가면 호기심을 갖게 됩니다. 예습, 그것만 실천해도 여러분들은 우수한 인재로서 성장할 수 있습니다.

긍정적 사고와 적극적 행동이 쌓여 인생이 결정됩니다

오늘 이 시간도 마찬가지입니다. '오늘 이 시간에 듣는 것들을 내 것으로 만들겠다!', '서울대학교 오 모교수라는 사람이 얘기한 것을 집약해 보자. 다섯 가지다. 정리해서 집에 가서 엄마나 오빠나 누나한테 얘기해 줘야겠다.'라고 생각하는 사람이 있다면, 그 학생은 이미 긍정의 길을 걷고 있는 것입니다. 남의 얘기를 경청하면서 내 것으로 만들어 보려는 노력을 기울인다면 여러분 삶에 중요한 자산이 될 것입니다.

수업 시간에도 마찬가지입니다. 어떤 선생님은 재미있는 얘기를 해주어서 즐겁고, 다른 선생님은 그렇지 않아서 수업이 지루하다고 생각할 수 있습니다. 하지만 주어진 시간 안에 몇 가지의 핵심적인 내용을 내 것으로 만들고, 어떤 선생님의 표현법은 이해가 안 가더라도 적극적으로 재해석해서 내 것으로 만들겠다는 의지를 갖는다면, 그 학생은 50분을 낭비하는 사람이 아닌, 100분을 버는 사람이 될 것입니다.

자부심이 인생을 풍요롭게 합니다

여러분들은 진정으로 여러분의 삶에 있어서 소중한 자부심을 가져야 합니다. 그 자부심에 따라서 실천해야 합니다. 여러분의 꿈과 희망, 그리고 헌신을 통해서 여러분의 미래는 밝아질 것입니다. 여러분 개인의 미래뿐만 아니라, 여러분 가족의 미래, 그리고 여러분이 다니고 있는 미림여자고등학교와 미림여자정보과학고등학교의 미래는 밝아지는 것입니다.

저는 다시 한 번 여러분들이 꿈을 갖고 끊임없이 꿈을 실천하기 위해서 노력하기를 기대합니다.

에필로그

모자론으로 돌아오기

총장 이임을 앞둔 지금, 특별한 감회는 없습니다. 지난 4년 동안 잠시 학교를 대표했다면 이제 본래의 자리로 돌아가는 게 전부일 것입니다.

다만 임무를 마치고 교수로 돌아가는 것에 대해 감사하는 마음, 특히 나의 부족함을 이해해 준 구성원에게 감사하는 마음이 제일 앞섭니다.

저의 공직관은 한마디로 '모자론'이라고 할 수 있습니다. 그동안은 총장이라는 이름의 모자를 쓴 것일 뿐이지요. 이 모자는 바람이 불면 날아가고, 집에 도착하면 벗어야 합니다. 임시직(temporary)이라는 말입니다.

한평생 모자를 쓰고 살아가는 사람은 없지 않습니까? 모자를 쓰고 잠들고, 모자를 쓰고 목욕하고, 모자를 쓰고 머리를 깎을 순 없는 일이지요.

저는 주어진 기간 안에 제게 주어진 책무를 완수하기 위한 소명을 안고 지난 4년 간 서울대학교에 머물러 있었습니다. 그러다보니 많은 분들이 이제 퇴임 후에는 무엇을 할 것이냐고 묻습니다. 하지만 저는 이러한 질문 자체가 모순이라고 생각합니다.

저는 오히려 모자를 벗고, 있는 그대로의 한 인간, 오연천으로 돌아갈 것이기 때문입니다. 원래 연구자로 지내 왔고, 평범한 교수로 살아왔기에 다시 강단에 서면 되는 일입니다. 그리고 학생들을 다시 더 가까이에서 만날 수 있다는 자체가 기쁠 따름이지요.

총장직을 역임했으니 더 큰 모자를 써야 한다고 생각하는 것은 적절하지 않다고 봅니다.

이제는 정수리에 고인 땀도 좀 닦아 주고, 시원한 관악산 바람을 맞으며 사람들과 등산도 하고, 지금껏 새롭게 배운 것들을 강단에서 허심탄회하게 좀 나눠야 하지 않겠습니까?

오히려 비정규직에서 정규직 교수로 돌아간다니 좋지요.

굳이 어떤 길을 가겠냐고 묻는다면, 저는 평교수로서 사회공헌 쪽에 좀 더 관심을 기울이고 싶다고 답하고 싶습니다. 개발도상국을 더 살펴보고 협력할 수 있는 방안을 연구하거나, 아직 열악한 환경에서 힘들게 살아가는 사람들이 많은 한국 사회의 변두리를 좀 더 들여다보고 싶습니다.

모자를 쓰지 않은, 인간 오연천으로서 말이지요.

이제 그 길 앞에 민머리로 제가 섭니다.

저는 이 책을 서울대 사람들, 나아가서 이 시대의 젊은이들에게 용기와 희망을 주고자 시작했습니다. 소소한 이야기들이지만 조금이라도 저의 경험에 공감을 갖게 된다면 고마운 일이라고 생각합니다.